東進

共通テスト実戦問題集

国語〔漢文〕

別冊

問題編

Question

JAPANESE

東進ブックス

東進

共通テスト実戦問題集
国語〔漢文〕

問題編
Question

JAPANESE

東進ハイスクール・東進衛星予備校 講師
寺師貴憲
TERASHI Takanori

東進ブックス

目次

東進　共通テスト実戦問題集

第 1 回

国　語〔漢　文〕　（50点）

注　意　事　項

1　解答用紙に，正しく記入・マークされていない場合は，採点できないことがあります。

2　試験中に問題冊子の印刷不鮮明，ページの落丁・乱丁及び解答用紙の汚れ等に気付いた場合は，手を高く挙げて監督者に知らせなさい。

3　解答は，解答用紙の解答欄にマークしなさい。例えば，［10］と表示のある問いに対して③と解答する場合は，次の（例）のように**解答番号10の解答欄の③にマーク**しなさい。

（例）

解答番号	解　答　欄
10	① ② ●(③) ④ ⑤ ⑥ ⑦ ⑧ ⑨

4　問題冊子の余白等は適宜利用してよいが，どのページも切り離してはいけません。

5　**不正行為について**

①　不正行為に対しては厳正に対処します。

②　不正行為に見えるような行為が見受けられた場合は，監督者がカードを用いて注意します。

③　不正行為を行った場合は，その時点で受験を取りやめさせ退室させます。

6　試験終了後，問題冊子は持ち帰りなさい。

第1回

次の【文章Ⅰ】と【文章Ⅱ】は、いずれも劉玄石《りゅうげんせき》という人物について書かれたものである。【文章Ⅰ】は「千日酒」「千日の酔ひ」という成語のもとになった故事であり、【文章Ⅱ】は、収賄がやめられず官職を追われた男に対して語った言葉である。これらを読んで、後の問い（問1〜6）に答えよ。なお、設問の都合で返り点・送り仮名を省いたところがある。（配点 50）

【文章Ⅰ】

劉玄石曾(1)於《イテ》二中(注1)山《ノ》酒家《ニ》一沽《カフ》レ酒《ヲ》。酒家与《ヘテ》二千日酒《ヲ》一飲《マシム》レ之《ニ》。至《リテ》レ家《ニ》大《イニ》酔《フ》。其《ノ》家不レ知《ラ》、以《テ》為《シ》レ死《スト》、葬《ル》レ之《ヲ》。後酒家計《リテ》向《なんなん》《トスレバ》二千日《ニ》一、往《キテ》視《ルニ》レ之《ヲ》、云《フ》二已《ニ》葬《レリト》一。於レ是(2)開《ケバ》レ棺《ヲ》、A酔《ヒ》始《メテ》醒《ム》。俗《ニ》云《フ》、「玄石飲《ミ》レ酒《ヲ》、一酔千日《ト》。」

（『太平御覧』による）

（注） 1 中山――地名。

【文章Ⅱ】

昔者、玄石好《ミ》レ酒《ヲ》、為《らル》二酒《ニ》困《くるシメ》一。五臓熏(注1)灼《セラレ》、肌骨蒸(注2)煮《セラレテ》如《シ》レ裂《クルガ》。百薬《モ》不レ能《ハ》レ救《フ》、三日《ニシテ》而後釈《とク》。謂《ヒテ》二其《ノ》人《ニ》一曰《ハク》、「吾今《ニシテ》而後知《ル》三酒《ノ》可《キヲ》二以《テ》喪(ア)レ人《ヲ》也。吾不敢復飲矣。」居《ルコト》不レ能《ハ》レ閲《けみスル》(注3)レ月《ヲ》。同(注4)飲至《リ》、曰《フ》二試《ミニ》嘗(イ)レ之《ヲ》。始《メ》而三爵《ニシテ》(注5)止《マルモ》、明日《ハ》而五《トス》レ之《ヲ》。又明日《ハ》十《トシ》レ之《ヲ》、又明日《ニシテ》而大《イニ》爵《シテ》、忘《レリ》二其《ノ》欲《スルヲ》レ死《セント》矣。故《ニ》猫不能無食魚、鶏《ハ》不レ能《ハ》レ無《キ》レ食《ラフ》レ蟲《ヲ》、犬《ハ》不レ能《ハ》レ無《キ》レ食《ラフ》(注6)レ臭《ヲ》。性之所レ耽《ふけル》、不《ル》レ能《ハ》レ絶《ツ》也。

（劉基『郁離子』による）

（注）

1 熏灼――あぶったり焼いたりする。
2 蒸煮――蒸したり煮たりする。
3 閲レ月――ひとつきが経つ。
4 同飲――飲み仲間。
5 爵――さかずき。
6 食レ臭――臭いを嗅ぐ。

問1 波線部(1)「曽」・(2)「於レ是」のここでの読み方として最も適当なものを、次の各群の①～⑤のうちから、それぞれ一つずつ選べ。解答番号は 1 ・ 2 。

(1) 「曽」 1
① すなはち
② かつて
③ おもむろに
④ たまたま
⑤ みだりに

(2) 「於レ是」 2
① ここにおいて
② これにおいて
③ ここをもつて
④ これをもつて
⑤ これより

問2 二重傍線部(ア)「喪」・(イ)「嘗」の意味として最も適当なものを、次の各群の①～⑤のうちから、それぞれ一つずつ選べ。解答番号は 3 ・ 4 。

(ア) 「喪」 3
① うしなう
② かなしむ
③ ほろぼす
④ しぬ
⑤ すてさる

(イ) 「嘗」 4
① あじわう
② こころみる
③ かつて
④ ためす
⑤ ほめる

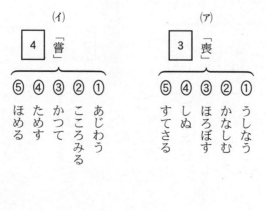

問3 傍線部A「酔 始 醒」とあるが、どういうことか。その説明として最も適当なものを、次の①～⑤のうちから一つ選べ。解答番号は 5 。

① 強い酒のせいで死んだ劉玄石は、千日後、駆けつけた酒屋のおかげで生き返ることができた。
② 劉玄石は千日間も死んでいたが、目が覚めたとき、ついさっき酔ったばかりだと思っていた。
③ 劉玄石は強い酒を飲んで死んだように酔っ払い、その酔いが醒めるまでに三年も必要だった。
④ ひどく酔った劉玄石は家族に埋められたが、三ヵ月間、土の中にいてようやく酔いも醒めた。
⑤ ひどく酔った劉玄石は、その死を望む家族に生き埋めにされたが、酒屋によって救出された。

問４　傍線部**Ｂ**「吾 不 敢 復 飲 矣」・**Ｄ**「猫 不 能 無 食 魚」の書き下し文とその解釈との組合せとして最も適当なものを、次の各群の①～⑤のうちから、それぞれ一つずつ選べ。解答番号は 6 ・ 7 。

Ｂ　吾 不 敢 復 飲 矣　6

①　吾敢へては復た飲まざらん　　私は酒を自分からは二度と飲むことはないだろう
②　吾敢へて復た飲まざらんや　　私はまた酒を飲まないわけにはいかないのだ
③　吾敢へてせざるも復た飲まん　　私は酒を飲む気はないが、また飲むことになるだろう
④　吾敢へてせずんば復た飲まんや　　私があえてしない限り、二度と飲むことはないだろう
⑤　吾敢へて復た飲まず　　私は二度と酒を飲んだりはしない

Ｄ　猫 不 能 無 食 魚　7

①　猫能くせずんば魚を食らふ無からん　　猫にできないなら、魚を食べることはないだろう
②　猫能くせずんば魚を食らふ無からん　　猫が食べられないならば、誰も魚を食べられない
③　猫能あらずして魚を食らふ無し　　無能な猫は、魚を食べることなどできない
④　猫は魚を食らふ無き能はず　　猫は魚を食べないわけにはいかない
⑤　猫は魚を食らふ無き能はず　　猫が魚を食べないことはありえない

問5 傍線部C「忘㆓其欲㆑死矣」の解釈として最も適当なものを、次の①～⑤のうちから一つ選べ。解答番号は 8 。

① 酔いの余りのひどさに死にたいとさえ思ったことを忘れている。
② 酒にひどく酔ったせいで死にかけたことをすっかり忘れている。
③ 限度を超えて酒を飲めば死んでしまうことを、もう忘れている。
④ 酒に逃げることで死にたいという気持ちを忘れようとしている。
⑤ 死にたいという気持ちを、酒を飲むことでなんとか忘れたのだ。

問6　次に掲げるのは、授業の中で【文章Ⅰ】と【文章Ⅱ】について話し合った生徒の会話である。これを読んで、後の(i)・(ii)の問いに答えよ。解答番号は 9 ・ 10 。

生徒A　劉玄石の話は【文章Ⅰ】が最も古い形らしいよ。【文章Ⅱ】はそれから何百年も後に書かれたみたいだ。

生徒B　【文章Ⅰ】では、劉玄石は酒に酔ったせいで家族に埋められているよね。その後、助かるけども。

生徒C　【文章Ⅱ】では、酒に酔って五臓が焼けるとか骨と皮が蒸されるとか言っているから、どちらも酒のせいでひどい目にあっている。僕なら二度と酒なんて飲まないと思うな。

生徒B　でも、劉玄石は違う。【文章Ⅱ】は X と言っている。

生徒A　【文章Ⅰ】では、劉玄石は「千日酒」という不思議な酒の話の主人公に過ぎなかったけど、【文章Ⅱ】の作者は彼を Y として登場させたってことだね。

生徒B　そう。劉玄石は「どうしようもない酒好き」というキャラクターになったんだ。

(i) X に入る最も適当なものを、次の①～⑤のうちから一つ選べ。解答番号は 9 。

① 劉玄石は禽獣と同じ自制心のない存在で、酒をやめることはできない
② 劉玄石の酒好きは生まれつきのものであって、やめることはできない
③ 劉玄石のような酒好きを更生するのは難しく、根絶することはできない
④ 鶏が虫を、犬が臭いを貪るように、人間もまた生まれつき酒に耽溺する
⑤ 酒好きの人間はどれだけ悪酔いで後悔しても、酒を断つことはできない

(ii) Y に入る最も適当なものを、次の①～⑤のうちから一つ選べ。解答番号は 10 。

① 過ちを犯す人間として生まれた者は終生改まらないことの象徴
② どんなひどい目にあっても好きなものは好きということの象徴
③ 酒好きはどれだけ悪酔いしても酒をやめられないことの典型例
④ 「喉元過ぎれば、熱さ忘れる」という有名なことわざの具体例
⑤ どれだけ失敗を重ねても学習して改善できない愚か者の具体例

東進　共通テスト実戦問題集

第2回

国　語〔漢　文〕

（50点）

注　意　事　項

1　解答用紙に，正しく記入・マークされていない場合は，採点できないことがあります。

2　試験中に問題冊子の印刷不鮮明，ページの落丁・乱丁及び解答用紙の汚れ等に気付いた場合は，手を高く挙げて監督者に知らせなさい。

3　解答は，解答用紙の解答欄にマークしなさい。例えば，［10］と表示のある問いに対して③と解答する場合は，次の（例）のように**解答番号10の解答欄の③にマーク**しなさい。

（例）

解答番号	解　答　欄
10	①　②　●　④　⑤　⑥　⑦　⑧　⑨

4　問題冊子の余白等は適宜利用してよいが，どのページも切り離してはいけません。

5　**不正行為について**

①　不正行為に対しては厳正に対処します。

②　不正行為に見えるような行為が見受けられた場合は，監督者がカードを用いて注意します。

③　不正行為を行った場合は，その時点で受験を取りやめさせ退室させます。

6　試験終了後，問題冊子は持ち帰りなさい。

第2回

次の【文章Ⅰ】と【文章Ⅱ】は、いずれも「折角」という成語のもとになったとされる故事である。【文章Ⅰ】は、前漢《かん》の朱雲《しゅうん》の逸話であり、【文章Ⅱ】は、後漢の郭泰《かくたい》の逸話である。これらを読んで、後の問い（問1～6）に答えよ。なお、設問の都合で返り点・送り仮名を省いたところがある。（配点 50）

【文章Ⅰ】

是《ノ》(注1)時、少(注2)府《ノ》五《ご》(注3)鹿《ろく》充《じゅう》宗《そう》貴(注4)幸《セラル》。Ⅰ為梁丘易、(注5)自《リ》二宣(注6)帝《ノ》時一善《クス》二梁丘氏《ノ》説《ヲ》一。(1)元帝好《ミ》レ之《ヲ》、欲《シ》レ考《セント》二其《ノ》異同《ヲ》一、A令充宗与諸易家論。充宗乗《ジ》レ貴《ニ》弁(注7)口《ナレバ》、諸儒莫《シ》二能《ク》与《ニ》抗《スルモノ》一。皆称《シテ》レ疾《ト》(ア)不二敢《ヘテ》会《セ》一。有《リ》二薦《ムル》レ雲《ヲ》者一、召《シテ》入《ラシム》。摂《とリテ》レ齋《しヲ》(注8)登《リ》レ堂《ニ》、抗《あゲテ》レ首《ヲ》而請《ヒ》、(注9)音動《カス》二左右《ヲ》一。既《ニ》論難《シ》、(イ)連《しきリニ》拄《そしル》(注10)二五鹿君《ヲ》一。故《ニ》諸儒Ⅱ為之語曰、「五鹿岳(注11)

岳《タルモ》、朱雲折《ルト》二其《ノ》角《ヲ》一。由《リテ》レ是《ニ》為《ル》二博士《ト》一。

（『漢書』による）

（注）
1 是時――前漢の皇帝、元帝の治世。
2 少府――官職名。
3 五鹿充宗――人名。
4 貴幸――寵愛される。
5 梁丘易――易学派の一つ。梁丘賀が創始した。
6 宣帝――元帝の前代の皇帝。
7 弁口――能弁。
8 齎――裳《もすそ》。
9 請――告げる。
10 拄――言い負かす。
11 岳岳――高くそびえるさま。つきたつさま。

【文章Ⅱ】

嘗テ於イテ二陳《ちん》（注1）梁《りやう》一ニ間行スルニ、遇ヒレ雨ニ、巾（注2）一角墊《くだル》。時人乃チ故(2)折リテ二巾ノ一角ヲ一、以テ為ス二林（注3）宗巾ト一。B其見慕皆如此。

（『後漢書』による）

（注）
1　陳梁――地名。
2　巾一角墊――頭巾の角《かど》が折れる。
3　林宗――郭泰の字《あざな》。

問1　波線部(1)「善」・(2)「故」の本文中における意味として最も適当なものを、次の各群の①～⑤のうちから、それぞれ一つずつ選べ。解答番号は 1 ・ 2 。

(1)「善」 1
① 精通していた
② しばしば説いた
③ 発展させた
④ たびたび学んだ
⑤ 褒めたたえた

(2)「故」 2
① まちがえて
② あこがれて
③ もともと
④ まねして
⑤ わざと

問２　二重傍線部(ア)「疾」・(イ)「連」と同じ意味の「疾」「連」を含む語として最も適当なものを、次の各群の①～⑤のうちから、それぞれ一つずつ選べ。解答番号は［3］・［4］。

(ア)「疾」［3］
① 疾悪
② 疾徐
③ 風疾
④ 疾行
⑤ 迅疾

(イ)「連」［4］
① 一連
② 連戦
③ 連環
④ 連想
⑤ 関連

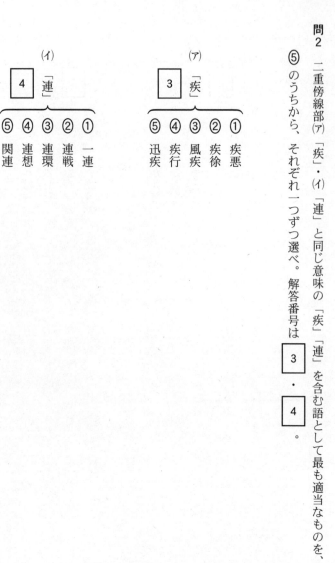

問3 傍線部Ⅰ「為 梁 丘 易」・Ⅱ「為 之 語 曰」の書き下し文として最も適当なものを、次の各群の①～⑤のうちから、それぞれ一つずつ選べ。解答番号は 5 ・ 6 。

Ⅰ「為 梁 丘 易」 5

① 梁丘易の為《ため》にし
② 梁丘易と為《な》し
③ 梁丘易を為《つく》り
④ 梁丘易と為《な》り
⑤ 梁丘易を為《をさ》め

Ⅱ「為 之 語 曰」 6

① 為《ため》に之《ゆ》きて語に曰はく
② 之を為《な》して語に曰はく
③ 之が語を為《つく》りて曰はく
④ 之くが為に語りて曰はく
⑤ 之を語ることを為して曰はく

問４　傍線部Ａ「令 充 宗 与 諸 易 家 論」の返り点の付け方と書き下し文との組合せとして最も適当なものを、次の①～⑤のうちから一つ選べ。解答番号は **7** 。

① 令下 充 宗 与二 諸 易 家一 論上　　充宗をして諸《これ》を易家に与《あた》へて論ぜしむ

② 令三 充 宗 与二 諸 易 家一 論　　充宗をして諸易家に与《くみ》せしめて論ず

③ 令下 充 宗 与二 諸 易 家一 論上　　充宗をして諸《これ》を易家に与《あづか》りて論ぜしむ

④ 令下 充 宗 与二 諸 易 家一 論上　　充宗をして諸易家と論ぜしむ

⑤ 令下 充 宗 与二 諸 易 家一 論上　　充宗をして諸易家より論ぜしむ

問5　傍線部B「其見慕皆如此」の書き下し文とその解釈との組合せとして最も適当なものを、次の①～⑤のうちから一つ選べ。解答番号は 8 。

① 其れ見て慕へば皆此れがごとくならん　そもそも、見てあこがれたので、みな彼のまねをしたのだ。

② 其の慕ふを見ること皆此くのごとし　いずれもこのように、彼が慕われる姿を見ることができた。

③ 其れ慕はるれば皆此くのごとし　彼はみなに慕われていたので、こうしたことが起きたのだ。

④ 其の慕はるること皆此くのごとし　いつも、このように、彼は多くの人から慕われていたのだ。

⑤ 其れ見て慕へば皆此れがごとくす　そもそも、見てあこがれたので、みな彼のまねをしたのだ。

問６　次に掲げるのは、授業の中で**【文章Ⅰ】**と**【文章Ⅱ】**について話し合った生徒の会話である。これを読んで、後の(i)～(iii)の問いに答えよ。解答番号は［９］～［11］。

生徒Ａ　「折角」が故事成語だって知らなかったよ。

生徒Ｂ　今は［Ｘ］という意味で使っているよね。「折角作ったのに、食べられなかった」とか。

生徒Ｃ　でも、**【文章Ⅰ】**では［Ｙ］という意味で使われているよね。

生徒Ｂ　うん。**【文章Ⅱ】**も、「折角」のもとになった故事だそうだけど、こちらは、［Ｚ］といえると思う。

生徒Ａ　結局、**【文章Ⅰ】**よりも**【文章Ⅱ】**の方が、今の「折角」に近いわけか。

生徒Ｂ　でも、僕には、どちらの逸話も、「折角」のもとになっているとは思えないよ。「折角の日曜日なのに、雨が降った」と使ったりするから。

(i) X に入る最も適当なものを、次の①～⑤のうちから一つ選べ。解答番号は 9 。

① 厳しく責める
② 心を込めて
③ 丹念に
④ 無駄なことをする
⑤ 労を惜しまない

(ii) Y に入る最も適当なものを、次の①～⑤のうちから一つ選べ。解答番号は 10 。

① 高慢な態度をくじく
② 議論で相手を論破する
③ 自分の力を認めさせる
④ 皇帝の不正をただす
⑤ 激しく誹謗中傷する

(iii) Z に入る最も適当なものを、次の ①〜⑤ のうちから一つ選べ。解答番号は 11 。

① 雨の日に郭泰はあえて頭巾の角を折った。その様子が洒落ていたので、当時の人々は晴れの日にも頭巾の角を折るようになった。そこから入念に着飾ることを「折角」と呼ぶようになった

② 雨の日に郭泰はあえて頭巾の角を折った。当時の人々はもともと頭巾の角を折っていたのに、彼にちなんで「林宗巾」と呼んだ。そこから影響力のある人物を「折角」と呼ぶようになった

③ 郭泰の頭巾の角がたまたま雨で折れた。その姿が洗練されていたので、当時の人々はそれをまねて頭巾の角を折るようになった。そこから流行が広がることを「折角」と呼ぶようになった

④ 郭泰の頭巾の角がたまたま雨で折れた。それを見て、当時の人々は晴れの日にもわざわざ頭巾の角を折るようになった。そこから骨を折ってわざわざすることを「折角」と呼ぶようになった

⑤ 郭泰の頭巾の角がたまたま雨で折れた。彼を慕う人々は似合いもしないのにそれをまねて、頭巾の角を折るようになった。そこから無駄な行為をすることを「折角」と呼ぶようになった

第3回

国語〔漢文〕 (50点)

注意事項

1 解答用紙に，正しく記入・マークされていない場合は，採点できないことがあります。

2 試験中に問題冊子の印刷不鮮明，ページの落丁・乱丁及び解答用紙の汚れ等に気付いた場合は，手を高く挙げて監督者に知らせなさい。

3 解答は，解答用紙の解答欄にマークしなさい。例えば， 10 と表示のある問いに対して③と解答する場合は，次の（例）のように**解答番号10の解答欄の③にマーク**しなさい。

（例）

解答番号	解答欄
10	① ② ● ④ ⑤ ⑥ ⑦ ⑧ ⑨

4 問題冊子の余白等は適宜利用してよいが，どのページも切り離してはいけません。

5 **不正行為について**

① 不正行為に対しては厳正に対処します。

② 不正行為に見えるような行為が見受けられた場合は，監督者がカードを用いて注意します。

③ 不正行為を行った場合は，その時点で受験を取りやめさせ退室させます。

6 試験終了後，問題冊子は持ち帰りなさい。

第3問　次の【文章Ⅰ】は、戦国時代末期に李斯《りし》が商鞅《しょうおう》について述べたものであり、【文章Ⅱ】は、商鞅に関する温公《おんこう》(司馬光《しばこう》)の論を費袞《ひこん》が批判したものである。これらを読んで、後の問い(問1〜7)に答えよ。なお、設問の都合で返り点・送り仮名を省いたところがある。(配点　50)

【文章Ⅰ】

孝《かう》公《こう》(注1)用ヒ二商鞅之法ヲ一、移シレ風ヲ易ヘレ俗ヲ、民ハ以テ殷(注2)盛ニシテ、A国以富強、百姓楽用、諸侯親服シ、獲《え》テ二楚《そ》魏《ぎ》之師ヲ一、挙グルコトヲレ地ヲ千里、至ルモレ今ニ治強ナリ。

(『史記』による)

(注)　1　孝公――戦国時代の秦《しん》の王。
　　　2　殷盛――繁盛していること。生活が豊かなこと。

【文章Ⅱ】

温(注1)公論《ズ》、魏《ノ》恵《けい》(注2)王《わう》有《ルモ》二一商(注3)鞅一而不レ能《ハ》レ用《フル》、B使《ムト》下還《リテ》為《リ》二国《ノ》害《ト》一、喪《フコト》レ地《ヲ》七百里、竄《のがサ》中身《ヲ》大《たい》(注4)梁《りやうニ》上。予(1)窃謂、商鞅刻薄之術始《メ》能《ク》帝《タラシムルモ》レ秦《ヲ》、卒《ニ》能《ク》亡《ボス》レ秦《ヲ》。使《もシ》用《フレバ》二之《ヲ》於魏《ニ》一、C其術猶是也。孟《まう》(注5)子《し》不《シテ》レ遠《シトセ》二千里《ヲ》一而来《ルモ》、恵王猶《ホ》不レ能《ハ》レ聴《ク》二其《ノ》言《ヲ》一、其《ノ》庸妄可《シ》レ知《ル》矣。温公不レ責《メ》二恵王《ノ》以《テ》不《ルヲ》レ聴《カ》二孟子仁義之言《ヲ》一而《ルニ》乃《チ》責《ムルハ》二其《ノ》不《ルヲ》レ用《ヒ》二商鞅功利之説《ヲ》一、(2)何耶。D公於《イテ》レ此《ニ》必《ズ》有《ラン》二深意一。E特予未之暁爾。

(『梁谿漫志』による)

（注）

1 温公――司馬光。北宋《ほくそう》の歴史家。

2 恵王――戦国時代の魏の王。

3 商鞅――法家。はじめ魏に仕えたが、恵王に宰相として登用されず、隣国の秦に渡った。

4 大梁――地名。商鞅率いる秦軍に首都安邑を落とされたのち、魏の恵王は大梁に遷都した。

5 孟子――儒家。はじめ恵王に王道政治を説いたが、聞き入れられず、隣国の斉《せい》に渡った。

問1 波線部(1)「窃　謂」・(2)「何　耶」の読み方として最も適当なものを、次の各群の①～⑤のうちから、それぞれ一つずつ選べ。解答番号は 1 ・ 2 。

(1) 「窃　謂」 1
① あへていふ
② かつていはく
③ ひそかにおもへらく
④ みだりにおもふに
⑤ いはゆる

(2) 「何　耶」 2
① いづれか
② なんぞや
③ いくばくぞ
④ なんのゆゑぞ
⑤ なにならんや

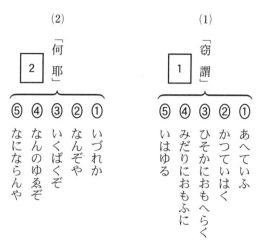

問2 傍線部A「国 以 富 強、百 姓 楽 用」の書き下し文とその解釈との組合せとして最も適当なものを、次の①～⑤のうちから一つ選べ。解答番号は 3 。

① 国を以て富強とし、百姓を楽しみて用ひ　秦で富国強兵を実現し、農民を喜んで使役し
② 国を以て富強とならしめ、百姓用を楽しみ　秦を豊かな強国に育て上げ、人民は仕事に喜んで励み
③ 国の富強なるを以て、百姓用を楽しみ　秦は豊かな強国だったので、農民は仕事に喜んで励み
④ 国は以て富強なり、百姓用を楽しみ　国は豊かで強く、人民は仕事に喜んで励み
⑤ 国は以て富強となりて、百姓を楽しみて用ひ　国は富国強兵に成功して、民衆を喜んで使役し

問3 傍線部B「使下還為二国害一、喪レ地七百里、竄中身大梁上」の解釈として最も適当なものを、次の①～⑤のうちから一つ選べ。解答番号は 4 。

① 商鞅の喪失はむしろ国家の損失となり、領土を七百里も失い、恵王は商鞅の身を大梁に移すことになった。

② 恵王の判断はむしろ国家の損失となり、領土を七百里も失い、恵王は商鞅によって大梁に追いつめられた。

③ 恵王の判断はむしろ国家の損失となり、領土を七百里も失い、商鞅の身を大梁に逃れさせることになった。

④ 逆に国は商鞅から損害を受け、領土を七百里も失い、恵王は首都安邑を捨てて大梁に逃げるはめになった。

⑤ 逆に国は商鞅から損害を受け、領土を七百里も失い、恵王は首都を安邑から大梁に移させることになった。

問４　傍線部Ｃ「其術猶是也」・Ｅ「特予未之暁爾」の返り点の付け方と書き下し文との組合せとして最も適当なものを、次の各群の①～⑤のうちから、それぞれ一つずつ選べ。解答番号は　5　・　6　。

Ｃ　其術猶是也　5

①　其術猶是也　　其れ術は猶ほ是《こ》れなるや
②　其術猶㆑是也　　其の術は猶ほ是《ぜ》のごときなり
③　其術猶㆑是也　　其れ術は猶ほ是《ぜ》ならんや
④　其術猶㆑是也　　其の術は猶ほ是《か》くのごとくならん
⑤　其術猶㆑是也　　其れ術は猶ほ是《こ》れならんや

Ｅ　特予未之暁爾　6

①　特予未㆓之暁㆒爾　　特《た》だ予め未だ之《ゆ》くを暁《さと》らざるも爾《しか》り
②　特予未㆓之暁㆒爾　　特だ予未だ之を暁らざるのみ
③　特予未㆓之暁爾㆒　　特だに予未だ之れ暁るのみならず
④　特予未㆑之暁㆑爾　　特だ予め未だ之かずして爾《なんぢ》を暁る
⑤　特予未㆓之暁㆒㆑爾　　特だに予未だ之れ爾《なんぢ》を暁るのみならず

問5　傍線部D「公於レ此必有二深意一」に込められた筆者の意図に関する説明として最も適当なものを、次の①～⑤のうちから一つ選べ。解答番号は 7 。

① 温公にはきっと深遠な考えがあるのだろうと述べながら、言葉に反して実際にはそのようなものはないと遠回しに非難する意図。

② 恵王にはきっと深遠な考えがあったのだろうと述べ、常人には理解できない高度な理由があるはずだとして恵王に理解を示す意図。

③ 孝公には必ずしも深遠な考えがあったとは限らないと述べ、商鞅を登用した孝公を全面的に賛美してはいけないと注意を促す意図。

④ 温公には必ずや深遠な考えなどあるはずがないと述べ、恵王の一面だけを批判した温公の底の浅い思いつきを痛烈に非難する意図。

⑤ 恵王には必ずや深遠な考えなどあったはずがないと述べながら、恵王の判断に優れた点があった可能性にも触れておきたいという意図。

問６ 【文章Ⅱ】の筆者（費袞）は温公（司馬光）の見解に異を唱えているが、その意見の要旨として最も適当なものを、次の①～⑤のうちから一つ選べ。解答番号は 8 。

① 温公は恵王が商鞅を登用しなかったことを責めたが、恵王が商鞅を登用していれば、初めはうまくいったとしても、結局は秦を滅ぼす結果につながったので、恵王の判断は正しかったと擁護している。

② 温公は恵王が商鞅を登用しなかったことを責めたが、商鞅の冷酷な政治は長期的に見て最悪の結果をもたらすので、むしろ孟子の王道政治を受け入れられなかったことを責めるべきだと批判している。

③ 温公は恵王が七百里もの土地を失って都を捨てたことを責めたが、それよりも商鞅の言葉も孟子の言葉も聞き入れなかった恵王の狭量さを責めるべきであって、温公の深意は不明だと困惑している。

④ 温公は恵王が商鞅の言葉に耳を傾けなかったことを責めたが、商鞅の教えは国を富強にするためには手段を選ばぬ冷酷無情なものであり、そのような教えに耳を傾ける必要はなかったと非難している。

⑤ 温公は恵王が商鞅の言葉に耳を傾けなかったことを責めたが、商鞅は国を富強にすることはできても、孟子のように仁義の教えを広めることはできないので、恵王の行動は正しかったと擁護している。

問7 次に掲げるのは、授業の中で**【文章Ⅰ】**と**【文章Ⅱ】**について述べた生徒の意見である。これを読んで、後の問いに答えよ。

> 恵王の態度に納得できません。**【文章Ⅰ】**によれば、秦の孝公は商鞅を登用して魏から千里もの領土を奪い、それ以来、秦は強国でありつづけたそうです。**【文章Ⅱ】**によれば、それだけの優れた実績が商鞅にありながら、魏の恵王は彼を登用できませんでした。おそらく商鞅の冷酷無情なやり方を恵王が嫌悪したからだと思います。でも、その一方で恵王は商鞅とは対照的な孟子の王道政治にも耳を傾けられませんでした。商鞅の「功利の説」も孟子の「仁義の言」も受け入れられないのであれば、いったい恵王はどうしたかったのでしょうか。

問 この生徒の意見には誤っている部分がある。それはどこか。次の①～⑤のうちから一つ選べ。解答番号は 9 。

① 秦の孝公が商鞅を登用して魏から千里もの領土を奪った。
② 優れた実績があったのに、恵王は商鞅を登用しなかった。
③ 恵王は、商鞅とは対照的な孟子の王道政治に耳を傾けなかった。
④ 恵王は、商鞅の言説と孟子の言説のどちらも受け入れなかった。
⑤ 恵王がどのような政治を望んでいたのかは不明である。

東進 共通テスト実戦問題集

第4回

国　語〔漢　文〕　(50点)

注　意　事　項

1　解答用紙に，正しく記入・マークされていない場合は，採点できないことがあります。

2　試験中に問題冊子の印刷不鮮明，ページの落丁・乱丁及び解答用紙の汚れ等に気付いた場合は，手を高く挙げて監督者に知らせなさい。

3　解答は，解答用紙の解答欄にマークしなさい。例えば，［10］と表示のある問いに対して③と解答する場合は，次の（例）のように**解答番号10の解答欄の③にマーク**しなさい。

（例）

解答番号	解　答　欄
10	① ② ● ④ ⑤ ⑥ ⑦ ⑧ ⑨

4　問題冊子の余白等は適宜利用してよいが，どのページも切り離してはいけません。

5　**不正行為について**

①　不正行為に対しては厳正に対処します。

②　不正行為に見えるような行為が見受けられた場合は，監督者がカードを用いて注意します。

③　不正行為を行った場合は，その時点で受験を取りやめさせ退室させます。

6　試験終了後，問題冊子は持ち帰りなさい。

第4問　次の【文章Ⅰ】と【文章Ⅱ】は、いずれも「技術」について書かれたものである。これらを読んで、後の問い（問1～6）に答えよ。なお、設問の都合で返り点・送り仮名を省いたところがある。（配点　50）

【文章Ⅰ】

（注1）陳《ちん》康《かう》肅《しゆく》公堯《げう》咨《し》善《クス》レ射《ヲ》。当世無双《ニシテ》、公亦《モ》以《テ》レ此《ヲ》自《ラ》矜《ほこル》。嘗《テ》射《ル》二於（注2）家《か》圃《ほ》一。有《リ》二売《ばい》油《ゆ》翁《をう》一、釈《とキテ》レ担《にヲ》而立《チ》、睨《みルコト》レ之《ヲ》久《シクシテ》而不《ラ》レ去。見《ルモ》下其《ノ》発《シテ》レ矢《ヲ》十《ニ》中《あツルヲ》中八九《ヲ》上、但《ダ》微《わづカニ》頷《うなづクノミ》レ之《ニ》。康肅問《ヒテ》曰《ハク》、「汝《モ》亦《タ》知《ル》レ射《ヲ》乎。A吾射不亦精乎。」翁曰《ハク》、「(1)無《シ》レ他。但《ダ》手熟《スル》爾《ト》。」康肅忿《ふん》然《トシテ》曰《ハク》、「B爾安敢軽吾射。」翁曰《ハク》、「以《テ》二我《ガ》酌《くムヲ》レ油《ヲ》知《ルト》レ之《ヲ》。」乃《チ》取《リテ》二一（注3）葫《こ》蘆《ろヲ》一置《キ》二於地《ニ》一、以《テ》レ銭《ヲ》覆《ヒ》二其《ノ》口《ヲ》一、徐《ロニ》以《テ》レ杓《ヲ》酌《ミ》レ油《ヲ》、瀝《そそグ》レ之《ニ》。自《リ》二銭

孔一入リテ而銭不レ濕《しめ》ラ。因リテ曰ハク、「我モ亦タ無レ他シ。(2)惟ダ手熟スルト爾。」康肅笑ヒテ

而遣《やル》レ之ヲ。C此与二荘生(注4)所謂解牛斲《たく》輪(注5)者一何異。

（『帰田録』による）

（注）
1 陳康肅公堯咨——陳堯咨。康肅公は諡号《しごう》。
2 家圃——家の畑。
3 葫蘆——ひょうたん。ここでは、油を小分けにする容器。
4 荘生——荘子。古代の思想家。
5 解牛斲輪——『荘子』所収の逸話。

【文章Ⅱ】

斉《せい》国の桓公《かんこう》が、古《いにしえ》の聖人の言葉が記された書物を読んでいると、車輪大工の扁《へん》（輪扁《りんぺん》）がその書物を「古人の糟粕《そうはく》（残りかす）だ」と評した。立腹した桓公が「申し開きができればよし。できなければ死刑だ」と告げると、輪扁は次のように答えた。

斲《け》ヅルニレ輪ヲ、徐ナレバ則チ(3)甘而不レ固、疾ナレバ則チ苦(注1)ニシテ而不レ入ラ。不レ徐ナラ不レ疾ナラ、D得テ二之ヲ於［X］一ニ而応ズ二於心一ニ。口ニ不レ能ハレ言フ、有リ三数《すう》ノ(注2)存スル二於其ノ間一ニ。臣不レ能ハ三以テ喩《さと》ス二臣之子一ニ。臣之子モ亦タ不レ能ハレ受クル二之ヲ於臣一ニ。是ヲ以テ行年七十ニシテ而老イテ斲ルレ輪ヲ。E古之人与其不可伝也死矣。然ラバ則チ君之所ノレ読ム者、古人之糟粕ナル已《の》夫《み》。

（『荘子』による）

（注）1 苦而不レ入——穴がきつくて輻《や》（スポーク）が入らない。
2 数——技術。コツ。

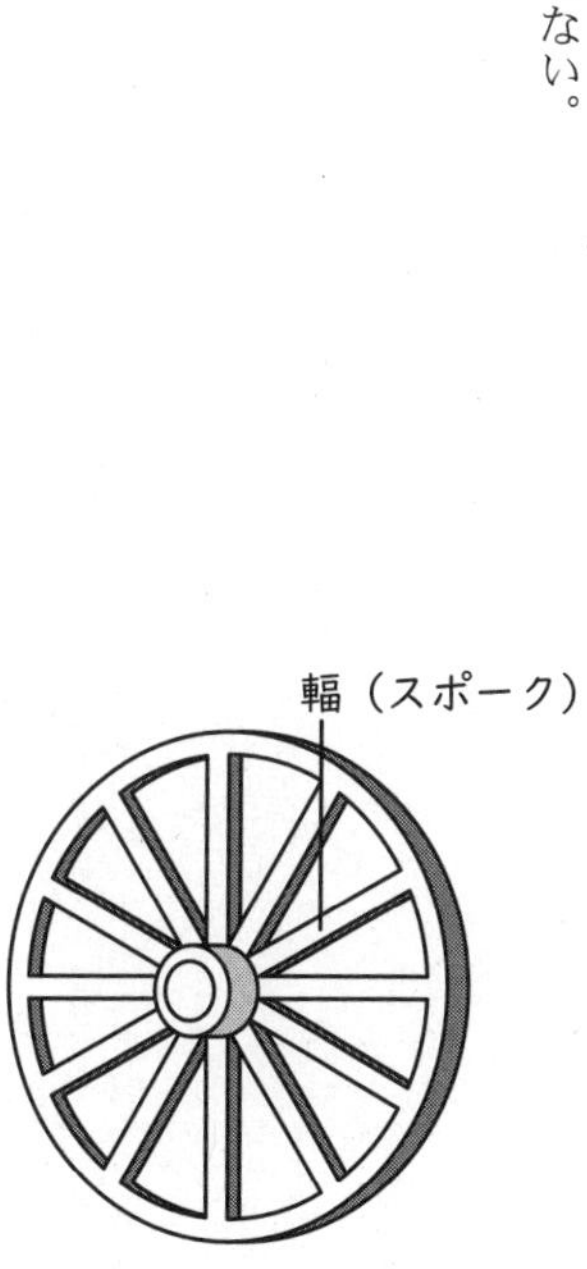

問１　波線部(1)「無レ他」・(2)「惟　手　熟　爾」・(3)「甘　而　不レ固」のここでの解釈として最も適当なものを、次の各群の①～⑤のうちから、それぞれ一つずつ選べ。解答番号は［1］～［3］。

(1)「無レ他」［1］
① 他に類例を見ない
② 特別なことはない
③ 人にはまねできない
④ 他では見たことがない
⑤ 他国には存在しない

(2)「惟　手　熟　爾」［2］
① ただ手慣れているだけだ
② ただし熟達の技ではある
③ ただ熟視していただけだ
④ それだけで熟練の名手といえる
⑤ 射撃の名手というだけではない

(3) 「甘而不レ固」 3

① 削り方が甘いと固くて輻《や》が穴に入らない
② 自分に対する評価が甘いとつい頑なになる
③ 削り方が甘いと緩くて輻が穴から外れそうになる
④ 自分に対する評価が甘いと技術が身につかない
⑤ 削り方が甘いと車輪は弱くなって故障してしまう

問２　傍線部Ａ「吾射不亦精乎」・Ｂ「爾安敢軽吾射」の書き下し文とその解釈との組合せとして最も適当なものを、次の各群の①～⑤のうちから、それぞれ一つずつ選べ。解答番号は［4］・［5］。

Ａ　吾射不亦精乎　［4］

①　吾が射亦た精ならざらんや　　私の射撃の精確さには及ばないのではないか
②　吾が射亦た精ならざるなり　　私の射撃の極意はやはり精神にはないのだ
③　吾が射亦た精ならずや　　私の射撃の腕前はまあ見事なものであろう
④　吾が射亦た精ならざらんや　　私が射てばやはり精進しないわけにはいかぬだろう
⑤　吾が射亦た精ならずや　　私が射てばまた精確に的に当てられるだろう

Ｂ　爾安敢軽吾射　［5］

①　爾《しか》して安んじて吾が射を軽んずるを敢へてす　　そうして安心し私の射撃の軽視をあえてしているのだ
②　爾《しか》るに安くにか敢へて吾が射を軽んぜんや　　それなのに私の射撃のどこも軽視したりしないのだ
③　爾《そ》れ安くんぞ敢へて吾が射を軽んぜんや　　そもそも私の射撃を軽視したりはできないはずだ
④　爾《なんぢ》安くにか敢へて吾が射を軽んずる　　おまえは私の射撃のどこをいったい軽視しているのか
⑤　爾《なんぢ》安くんぞ敢へて吾が射を軽んずる　　おまえはなぜ分もわきまえず私の射撃を軽視するのか

問3 傍線部C「此与二荘生所謂解牛斲輪者一何異」の解釈として最も適当なものを、次の①～⑤のうちから一つ選べ。解答番号は 6 。

① これこそ荘子の解牛斲輪の逸話と同じ主題だといえる理由だ。
② これこそ荘子にある解牛斲輪の逸話と同じ主題の話であろう。
③ これは荘子にある解牛斲輪の逸話とどこが異なっているのだろうか。
④ これは人びとが伝える荘子の解牛斲輪の逸話とどうして同じではないのか。
⑤ これは人びとが伝える荘子の解牛斲輪の逸話と何ら同じところはないのだ。

問４　**【文章Ⅱ】**の傍線部**D**「得㆓之於 X ㆒而応㆓於心㆒」は車輪作りの極意を述べている。**【文章Ⅰ】**と**【文章Ⅱ】**を踏まえたとき、空欄 X に入る語として最も適当なものを、次の①～⑤のうちから一つ選べ。解答番号は 7 。

① 善
② 矜
③ 精
④ 手
⑤ 笑

問5 傍線部**E**「古 之 人 与 其 不 可 伝 也 死 矣」の返り点の付け方と書き下し文との組合せとして最も適当なものを、次の①～⑤のうちから一つ選べ。解答番号は 8 。

① 古 之 人 与 其 不㆑可㆑伝 也 死 矣　古の人 与へて其れ伝ふべからずして死せり

② 古 之 人 与㆓其 不㆒㆑可㆑伝 也 死 矣　古の人と其の伝ふべからざると死せり

③ 古 之 人 与㆓其 不㆒㆑可㆑伝 也 死 矣　古の人 其の伝ふるは可ならざるより死するなり

④ 古 之 人 与 其 不㆑可㆑伝 也 死 矣　古の人 与《くみ》して其れ伝ふるは可ならずして死するなり

⑤ 古 之 人 与㆓其 不㆒㆑可㆑伝 也 死 矣　古の人 其の伝ふべからざると与《とも》に死せんや

問６　【文章Ⅰ】と【文章Ⅱ】を踏まえた「技術」の説明として最も適当なものを、次の①～⑤のうちから一つ選べ。解答番号は 9 。

① 「技術」は言語化して伝えられないものであり、ただ繰り返し手を動かす中で身につけるほかないものだ。
② 「技術」は中庸を尊重するものであり、速すぎでも遅すぎでもない適度な加減を身につけることが重要だ。
③ 「技術」は神業に見えても大したものではなく、繰り返していれば、やがて誰でも身につけられるものだ。
④ 「技術」はひたすらその道を極めた者だけが習得できるものであり、教わって急に身につくものではない。
⑤ 「技術」はただ教わるだけでは不十分であり、教わった技術を反復練習してようやく身につくものである。

東進　共通テスト実戦問題集

5

第5回

国語〔漢文〕　(50点)

注意事項

1　解答用紙に，正しく記入・マークされていない場合は，採点できないことがあります。

2　試験中に問題冊子の印刷不鮮明，ページの落丁・乱丁及び解答用紙の汚れ等に気付いた場合は，手を高く挙げて監督者に知らせなさい。

3　解答は，解答用紙の解答欄にマークしなさい。例えば，[10] と表示のある問いに対して③と解答する場合は，次の（例）のように**解答番号10の解答欄の③にマーク**しなさい。

（例）

解答番号	解答欄
10	①　②　●　④　⑤　⑥　⑦　⑧　⑨

4　問題冊子の余白等は適宜利用してよいが，どのページも切り離してはいけません。

5　**不正行為について**

①　不正行為に対しては厳正に対処します。

②　不正行為に見えるような行為が見受けられた場合は，監督者がカードを用いて注意します。

③　不正行為を行った場合は，その時点で受験を取りやめさせ退室させます。

6　試験終了後，問題冊子は持ち帰りなさい。

第5問

次の【問題文Ⅰ】は十一世紀初頭に作られた藤原為時《ふじわらのためとき》の詩であり、詩中にある「班扇」の典拠となったのが、【問題文Ⅱ】の「怨歌行」である。また【問題文Ⅲ】は「怨歌行」の作者とされる班婕妤《はんしょうよ》の逸話である。これらを読んで、後の問い（問1〜7）に答えよ。なお、設問の都合で返り点・送り仮名を省いたところがある。（配点　50）

【問題文Ⅰ】

(a)未レ飽 多年詩(注1)思ノ X　清風朗月久シク沈(注2)吟ス

志ハ(b)随レ日動キ何ゾ為サンヤレ足レリト　興ハ遇ヒテレ晴ニ牽《ひ》カレ豈ニ厭《あ》キンヤレ心ニ

A 班(注3)扇ノ長キ襟《おも》ヒハ秋不レ尽キ　楚(注4)台ノ余《ゆた》カナル味《あぢは》ヒハ老イテ弥深シ

時人莫《なカ》レ咲《わら》フ散《さん》(注5)樗《ちよ》ノ吏　白髪緋《ひ》(注6)衫《さん》独リ尚ホ淫《ふけ》リタルヲ

（藤原為時「夏日同じく『未だ風月の思ひに飽かず』を賦す」『本朝麗藻』所収による）

（注）

1　詩思――詩情。詩心。

2　沈吟――深く考え込む。

3　班扇――班婕妤の団扇。

4　楚台――楚の襄王《じょうおう》の離宮。王が襟を開いて風を受けた故事で有名。

5　散樗吏――役立たずな官吏。

6　緋衫――緋色の官服。

【問題文Ⅱ】

新タニ裂ク二斉《せい》ノ紈《ぐわん》（注1）素ヲ一　皎《かう》（注2）潔如シ二霜雪ノ一

裁チテ為セバ二合《がふ》（注3）歓《くわん》ノ扇《あふぎ》ト一　団（注4）団トシテ似タリ二明 Y 一

B

出二入シ君ノ懐袖ニ一　動揺シテ微風発ス

常ニ恐ル秋節至リ　涼風ノ奪ハンコトヲ二炎熱ヲ一

棄《き》（注5）二捐《えん》セラレ篋《けふ》（注6）笥《し》ノ中ニ一　恩情中道ニ絶エン

（注）
1　紈素――白絹。斉の名産。
2　皎潔――白く清らか。
3　合歓扇――両面に絹を張り合わせた団扇。夫婦の仲睦まじさも象徴する。
4　団団――丸いさま。男女の仲睦まじさも象徴する。
5　棄捐――打ち捨てる。
6　篋笥――衣装箱。

（「怨歌行」『文選』所収による）

【問題文Ⅲ】

成（注1）帝游《ビ》二於後庭《ニ》一、嘗(ア)欲《ス》下与《ニ》二婕（注2）妤一同《ジクシテ》レ輦（注3）《れんヲ》載《ラント》上。婕妤辞《シテ》曰《ハク》、「観《ルニ》二古《ノ》図画《ヲ》一、賢聖之君皆有《リ》二名臣《ノ》在《ル》レ側《ニ》一。三（注4）代《ノ》末主《ハ》乃(イ)有《リ》二嬖（注5）《へい》女《ぢよ》一。今欲《スルハ》レ同《ジクセント》レ輦《ヲ》、C得無近似之乎。」上善《シトシテ》二其《ノ》言《ヲ》一而止《ム》。太后聞《キ》レ之《ヲ》、喜《ビテ》曰《ハク》、「古有《リ》二樊（注6）《はん》姫《き》一、今有《リト》二班婕妤一。」

（『漢書』による）

（注）
1 成帝――前漢の皇帝。
2 婕妤――班婕妤。成帝の寵姫。
3 輦――てぐるま。人力車。
4 三代末主――夏《か》・殷《いん》・周《しゅう》三代の最後の王、桀王《けつおう》・紂王《ちゅうおう》・幽王《ゆうおう》のこと。
5 嬖女――寵姫。ここでは、夏の妹喜《ばっき》・殷の妲己《だっき》・周の褒姒《ほうじ》のこと。
6 樊姫――狩猟好きの楚王を諫めるため、禽獣の肉を食べなかった故事で知られる女性。

問1 二重傍線部(ア)「嘗」・(イ)「乃」のここでの読み方として最も適当なものを、次の各群の①～⑤のうちから、それぞれ一つずつ選べ。解答番号は 1 ・ 2 。

(ア) 「嘗」 1
① すなはち
② かつて
③ おもむろに
④ たまたま
⑤ みだりに

(イ) 「乃」 2
① なほ
② なんぢ
③ すなはち
④ ただちに
⑤ はたして

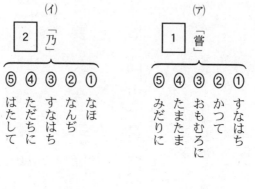

問2 波線部(a)「未レ飽」・(b)「随レ日」のここでの解釈として最も適当なものを、次の各群の①～⑤のうちから、それぞれ一つずつ選べ。解答番号は［3］・［4］。

(a) 「未レ飽」［3］
① きっと満足するはずだ
② 満足しようとしている
③ まだ満足していない
④ もう満足している
⑤ 満足するのも当然である

(b) 「随レ日」［4］
① 一日仕事に従事して
② 日が経つにつれて
③ 日当のために働いて
④ 一日中詩作にふけって
⑤ 一日上司の指示に従って

問３　空欄 X ・ Y に入る語として最も適当なものを、次の各群の①～⑤のうちから、それぞれ一つずつ選べ。解答番号は 5 ・ 6 。

X　5

①　禁ズル㆓
②　募ル㆓
③　興ル㆓
④　覚ユル㆓
⑤　侵ス㆓

Y　6

①　鏡㆓
②　悦㆓
③　暗㆓
④　月㆓
⑤　星㆓

問4　傍線部A「班扇長襟秋不レ尽　楚台余味老弥深」の解釈として最も適当なものを、次の①～⑤のうちから一つ選べ。解答番号は 7 。

①　秋になると用済みになる団扇のように班婕妤は歳を重ねると打ち捨てられたが、楚の襄王は年老いてますます深く離宮に吹く風の興趣を味わえるようになった。

②　班婕妤の団扇が起こすそよ風は秋になっても尽きることなく趣を深めていき、楚の襄王の離宮から眺める月の味わいは歳を重ねるごとに深く豊かになっていく。

③　団扇のように円満な班婕妤と成帝の仲は長く続いて秋になっても尽きず、楚の襄王が離宮に吹く風に感じる味わいは年老いてますます深く豊かになっていく。

④　月のように丸い班婕妤の団扇に込められた悲しみは秋になっても尽きず、楚の襄王の離宮に吹く風の豊かな味わいは年老いてますます深く心に染み入ってくる。

⑤　秋になれば団扇を大切に箱にしまうように成帝の愛情はいつまでも尽きず、楚の襄王は離宮に吹く風に飽きることなく年老いてますます深く愛するようになった。

第5回　実戦問題

問５　傍線部Ｂ「常恐秋節至　涼風奪二炎熱一」とあるが、これは何のたとえか。説明として最も適当なものを、次の①～⑤のうちから一つ選べ。解答番号は **8** 。

① 秋になって涼風が炎暑にとって代われば団扇が打ち捨てられてしまうように、自分もやがて成帝の寵愛を失って捨てられてしまうのではないかと恐れている。

② 秋になって涼風が炎暑にとって代われば団扇がしまわれて懐の中から箱の中に場所を移すように、自分も居場所を変えることになるのではないかと恐れている。

③ 秋になって涼風が炎暑にとって代われば宮殿に籠もりがちになって二人で出かけなくなり、皇帝が他の宮女に目移りして寵愛を失うのではないかと恐れている。

④ 秋になって涼風が炎暑にとって代われば団扇が懐から出される機会も減るように、自分も歳をとれば皇帝の懐にずっといられるのではないかと期待している。

⑤ 秋になって涼風が炎暑にとって代われば皇帝と外出する機会も減り、皇帝と一緒に車に乗ることもなかなかできなくなってしまうのではないかと恐れている。

問6 傍線部C「得 無 近 似 之 乎」の返り点の付け方と書き下し文との組合せとして最も適当なものを、次の①～⑤のうちから一つ選べ。解答番号は 9 。

① 得レ無三近二似 之一乎　之《ゆ》きて近似すること無きを得たるか

② 得レ無三近二似 之一乎　之《これ》に近似すること無きを得んや

③ 得レ無二近 似レ之 乎　近づきて之《こ》れ似たること無きを得るをや

④ 得レ無二近 似レ之 乎　近づき之《ゆ》くに似たること無きを得んや

⑤ 得レ無三近二似 之一乎　之《これ》に近似すること無きを得たるか

問7 【問題文Ⅰ】と【問題文Ⅱ】と【問題文Ⅲ】の内容に合致するものを、次の①～⑤のうちから一つ選べ。解答番号は 10 。

① 班婕妤は慎み深い女性であり、皇帝の側には愛姫ではなく皇后が座るべきだとして皇帝の車に同乗するのを拒んだが、それがきっかけで寵愛を失い、秋の団扇のように捨てられてしまった。

② 班婕妤は傲慢な女性であり、絵画の教養をひけらかして、車に同乗してほしいという皇帝の願いを断わったが、それがきっかけで寵愛を失い、「怨歌行」を作って自分の浅慮を悔やんだ。

③ 班婕妤は思慮深い女性であり、皇帝の車に同乗するのを断って太后から賞賛されたが、その詩「怨歌行」で自分を団扇にたとえ、時が経てば寵愛を失うことになる宮女の悲哀を歌った。

④ 班婕妤は詩作の才をもつ女性であり、その詩「怨歌行」で団扇が秋になれば用済みになるように自分もやがて用済みになると歌い、藤原為時はその団扇を「清風」の象徴として使った。

⑤ 班婕妤は詩作の才をもつ女性であり、その詩「怨歌行」で皇帝と自分との円満な関係を丸い団扇にたとえて永遠の愛を歌い、のちに藤原為時はその団扇を「朗月」の象徴として使った。

(キリトリ線)

マーク例

良い例	悪い例
●	⊙ ◓ O ⊗

東進　共通テスト実戦問題集　国語　　解答用紙

注意事項

1　訂正は，消しゴムできれいに消し，消しくずを残してはいけません。
2　所定欄以外にはマークしたり，記入したりしてはいけません。
3　汚したり，折りまげたりしてはいけません。

受験番号を記入し，その下のマーク欄にマークしなさい。

受験番号欄

千位	百位	十位	一位	英字
–	⓪	⓪	⓪	Ⓐ
①	①	①	①	Ⓑ
②	②	②	②	Ⓒ
③	③	③	③	Ⓗ
④	④	④	④	Ⓚ
⑤	⑤	⑤	⑤	Ⓜ
⑥	⑥	⑥	⑥	Ⓡ
⑦	⑦	⑦	⑦	Ⓤ
⑧	⑧	⑧	⑧	Ⓧ
⑨	⑨	⑨	⑨	Ⓨ
–	–	–	–	Ⓩ

氏名・フリガナ，試験場コードを記入しなさい。

フリガナ	
氏名	

試験場コード	十万位	万位	千位	百位	十位	一位

解答番号	解答欄 1 2 3 4 5 6 7 8 9	解答番号	解答欄 1 2 3 4 5 6 7 8 9	解答番号	解答欄 1 2 3 4 5 6 7 8 9	解答番号	解答欄 1 2 3 4 5 6 7 8 9
1	①②③④⑤⑥⑦⑧⑨	11	①②③④⑤⑥⑦⑧⑨	21	①②③④⑤⑥⑦⑧⑨	31	①②③④⑤⑥⑦⑧⑨
2	①②③④⑤⑥⑦⑧⑨	12	①②③④⑤⑥⑦⑧⑨	22	①②③④⑤⑥⑦⑧⑨	32	①②③④⑤⑥⑦⑧⑨
3	①②③④⑤⑥⑦⑧⑨	13	①②③④⑤⑥⑦⑧⑨	23	①②③④⑤⑥⑦⑧⑨	33	①②③④⑤⑥⑦⑧⑨
4	①②③④⑤⑥⑦⑧⑨	14	①②③④⑤⑥⑦⑧⑨	24	①②③④⑤⑥⑦⑧⑨	34	①②③④⑤⑥⑦⑧⑨
5	①②③④⑤⑥⑦⑧⑨	15	①②③④⑤⑥⑦⑧⑨	25	①②③④⑤⑥⑦⑧⑨	35	①②③④⑤⑥⑦⑧⑨
6	①②③④⑤⑥⑦⑧⑨	16	①②③④⑤⑥⑦⑧⑨	26	①②③④⑤⑥⑦⑧⑨	36	①②③④⑤⑥⑦⑧⑨
7	①②③④⑤⑥⑦⑧⑨	17	①②③④⑤⑥⑦⑧⑨	27	①②③④⑤⑥⑦⑧⑨	37	①②③④⑤⑥⑦⑧⑨
8	①②③④⑤⑥⑦⑧⑨	18	①②③④⑤⑥⑦⑧⑨	28	①②③④⑤⑥⑦⑧⑨	38	①②③④⑤⑥⑦⑧⑨
9	①②③④⑤⑥⑦⑧⑨	19	①②③④⑤⑥⑦⑧⑨	29	①②③④⑤⑥⑦⑧⑨	39	①②③④⑤⑥⑦⑧⑨
10	①②③④⑤⑥⑦⑧⑨	20	①②③④⑤⑥⑦⑧⑨	30	①②③④⑤⑥⑦⑧⑨	40	①②③④⑤⑥⑦⑧⑨

※大学入学共通テスト「国語」の解答番号数は全部でおよそ38ですが，本書「漢文」では解答番号１～11を使用ください（複数回使用する場合は複写してご利用ください）。

東進

共通テスト実戦問題集
国語〔漢文〕

解答解説編
Answer / Explanation

JAPANESE

東進ハイスクール・東進衛星予備校 講師
寺師貴憲
TERASHI Takanori

東進ブックス

はじめに

彼を知り己を知らば百戦殆《あや》ふからず、
彼を知らずして己を知らば一勝一負す、
彼を知らず己を知らざれば戦ふごとに必ず殆ふし。

――『孫子』謀攻篇

「彼」とは敵、ここでは「共通テスト」を指し、「己」は味方、ここではもちろん「みなさん自身」を指す。敵である「共通テスト」を理解し、みなさんが「自分自身」を理解できれば、何度戦おうとも危なげなく勝てるだろう、という意味である。

この一節は、相手を知る重要性を説く言葉としてよく引用されるが、この言葉の真髄は「彼を知る」よりも「己を知る」にあると思っている。

自分の力を見極めること。

共通テストのような選択式問題の対策では、正解することよりも誤答することのほうが成長につながる。共通テストは原則として五択であり、サイコロを振って選んでも、そもそも二〇％の確率で正解できる。しかも、選択肢のうち三つから四つ（！）は明らかに的外れなので、フィーリングで解いても、勘がよければ八割くらいは取れるわけだ。

テキトーに選んで当たるくらいなら外れたほうがマシ。

正解すれば、喜んで終わり。でも誤答すれば、自分が選んだ選択肢はなぜ誤りなのか、正しい選択肢を自分はなぜ誤りだと判断してしまったのか、そもそも解答は正しいのか、この解説は本当に妥当なのか――とさまざまに分析し、次に同じミスを回避するために備えはじめる。誤答した悔しさが原動力になる。

とにかくミスを繰り返すこと。そしてミスから学習すること。たくさんミスするために、たくさんの問題に当たること。

この問題集は、その手助けをしてくれる。

❶問題を解く
←
❷なぜこの選択肢が正解なのか、なぜこの選択肢は誤りになるのかを分析し
←
❸自分が正解できたのはなぜか、自分が誤答したのはなぜかを分析して
←
❹修正して次の問題を解く
←
❺そしてまた勝因と敗因を分析する。

自分の力を見極め、足りないところがわかれば、それを補えばいい。

例えば、句形・句法の知識が足りていないとわかれば、知識を補えばいい。東進ブックスには『寺師の漢文をはじめからていねいに』という、うってつけの参考書もある。また知識はあるのにうまく解けない、ひょっとしたら解き方がよくわかっていないかもとわかれば、解き方を学べばいい。東進で僕が担当した講座「大学入学共通テスト対策 漢文」は、まさにそのような悩める受験生向けの講座になっている。

これから対策をはじめる人も、仕上げにかかる人も、この問題集が少しでも役に立てば、と願いを込めて作問した。さあ、僕の出す問題を次々クリアして、大きく成長しようではないか。

二〇二一年　九月

寺師貴憲

この画像をスマートフォン等で読み取ると、ワンポイント解説動画が視聴できます。（以下同）

解説動画

本書の特長

❶ 実戦力が身につく問題集

本書では、膨大な資料を徹底的に分析し、その結果に基づいて共通テストと同じ形式・レベルのオリジナル問題を五回分用意した。

共通テストで高得点を得るためには、大学教育を受けるための基礎知識はもとより、思考力や判断力など総合的な力が必要となる。そのような力を養うためには、何度も問題演習を繰り返し、出題形式に慣れ、出題の意図をつかんでいかなければならない。本書に掲載されている問題は、その訓練に最適なものばかりである。本書を利用し、何度も問題演習に取り組むことで、実戦力を身につけていこう。

『東進 共通テスト実戦問題集』シリーズ 「国語」ラインアップ

□現代文……五回分収録（共通テスト二回、オリジナル問題三回）
□古文……五回分収録（オリジナル問題五回）
■漢文……**五回分収録（オリジナル問題五回）**

❷ 東進実力講師によるワンポイント解説動画

「はじめに」と各回の解答解説冒頭（扉《とびら》）に、ワンポイント解説動画のＱＲコードを掲載。スマートフォンなどで読み取れば、解説動画が視聴できる仕組みになっている。

解説を読む前にまずは動画を見て、問題の全体的なイメージや概要をつかもう。

❸ 詳しくわかりやすい解説

本書では、入試問題を解くための知識や技能が修得できるよう、様々な工夫を凝らしている。どこよりも詳しくわかりやすい解説を読めば、一日で正解の理由が明確になるだろう。

【解説の構成】

❶配点表…正解と配点の一覧表。各回の扉に掲載。マークシートの答案を見ながら、自己採点欄に採

点結果を記入しよう（7ページ参照）。

❷**出　典**…問題文の出典に関して、どの時代に書かれたものなのか、作者や詳細を記載。出典を読み込むことで、文学史に必要な知識も得ることができる。

❸**書き下し文**…問題文の書き下し文。通釈とセットで確認しよう。

❹**通　釈**…問題文の現代語訳。問題を解く時に意味のわからなかった文章や表現があれば、この通釈を読んで振り返っておこう。

▼出典／書き下し文／通釈

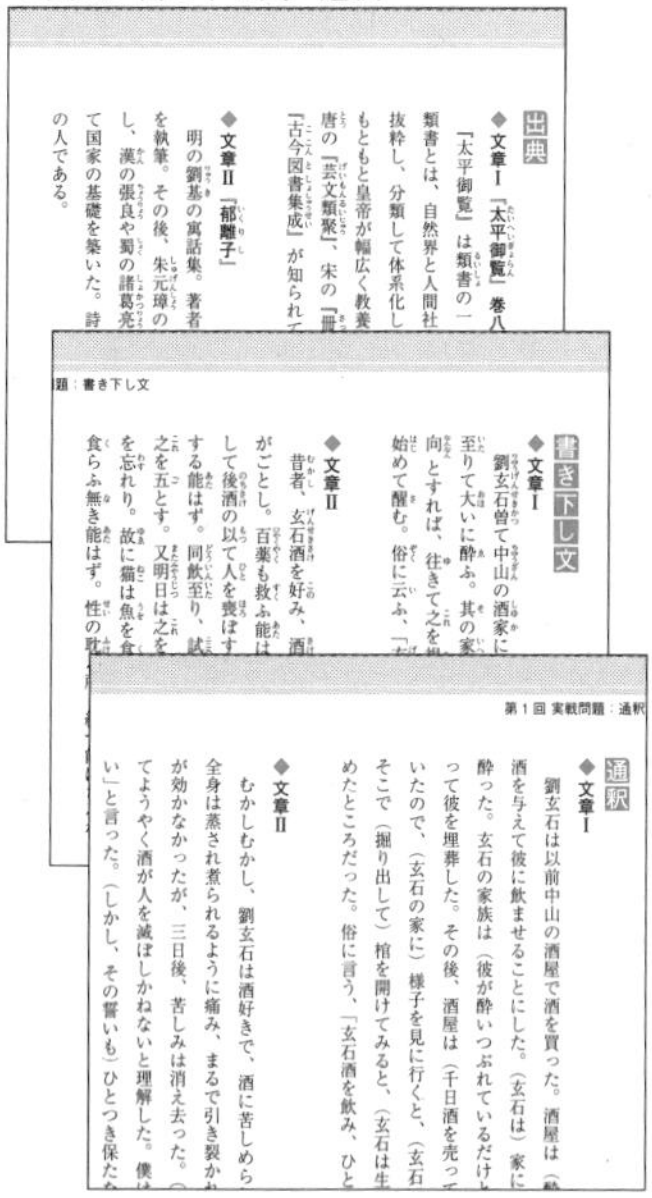

❺**解　説**…設問ごとに詳細を解説していく。設問の中で問われている漢文の知識や技能を修得できるよう、必要な知識を丁寧に説明する。

❻**重要単語リスト**…問題文や設問文に登場した重要な漢文単語をピックアップ。いずれも共通テスト必須の単語なので、確実に押さえるようにしよう。

❼**知識の総整理**…問題・解説で扱った知識を、その周辺情報とともにまとめて掲載。重要句形や文法事項など、漢文読解に必要な知識の総整理に活用しよう。

▼重要単語リスト／知識の総整理

本書の使い方

別冊

本書は、別冊に問題、本冊に解答解説が掲載されている。まずは、別冊の問題を解くところから始めよう。

① 注意事項を読む

問題編各回の扉に、問題を解くにあたっての注意事項を掲載。本番同様、問題を解く前にしっかりと読もう。

▼問題編 扉

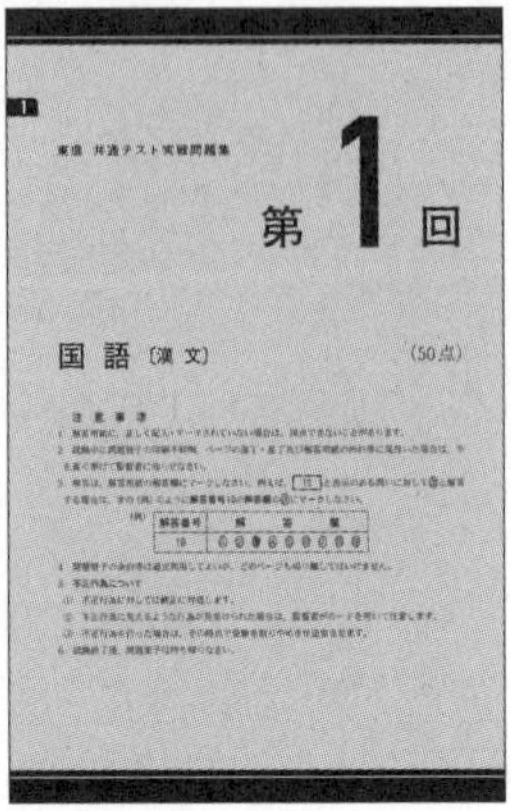
東進 共通テスト実戦問題集

第1回

国語〔漢文〕　（50点）

② 問題を解く

❶時間配分

実際の共通テストの問題を解く状況に近い条件で問題を解こう。タイマーなどを二十分程度に設定し、時間厳守で解答すること。

問題編

❷問題構成の把握

どのように問題が構成されているのか、出題形式を確認しながら解き進めよう。漫然と解くのではなく、受験時に自分はどのように感じるのかなど心の動きを冷静に観察しながら臨んでほしい。

❸マークシートの活用

解答は本番と同じように、付属のマークシートに記入するようにしよう。複数回実施するときはコピーして使おう。

▼問題文（全5回収録）

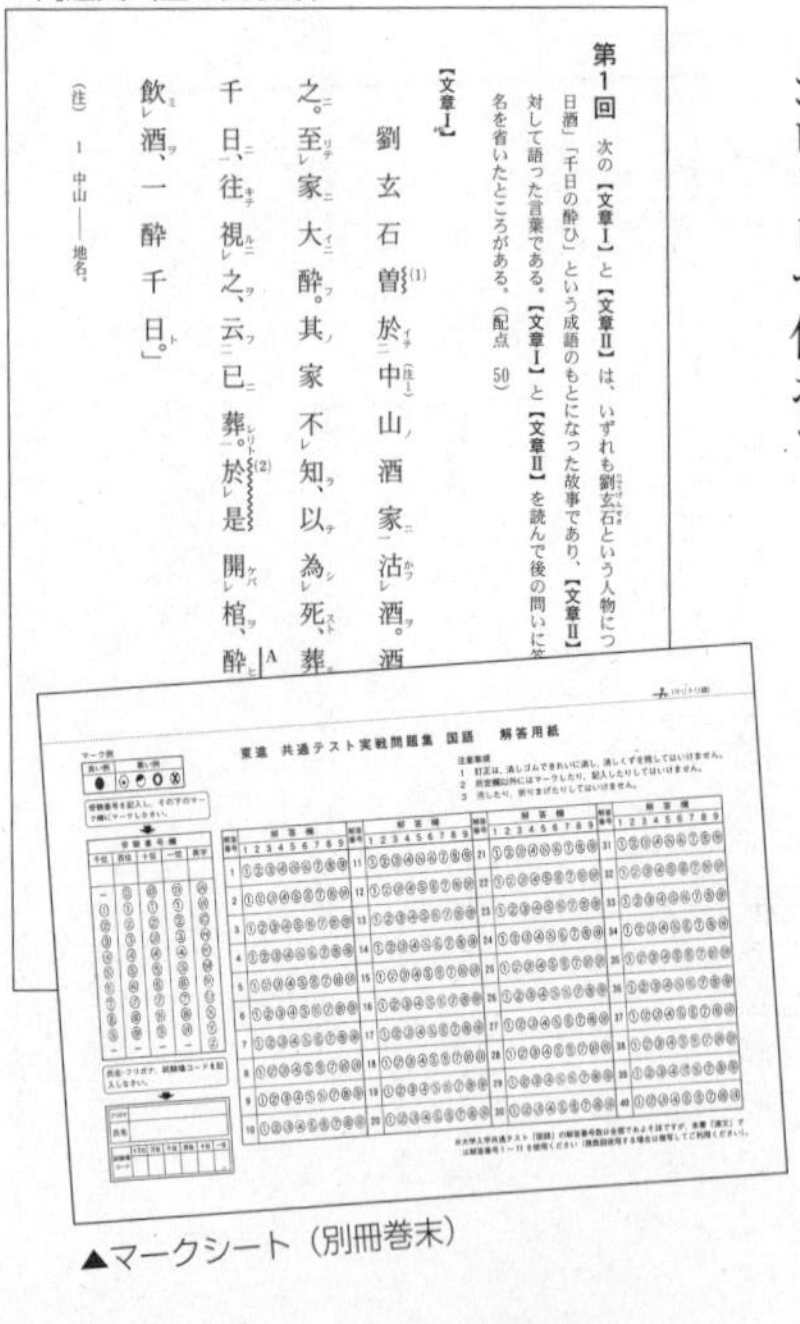
第1回　次の【文章Ⅰ】と【文章Ⅱ】は、いずれも劉玄石という人物につ……日酒」「千日の酔ひ」という成語のもとになった故事であり、【文章Ⅱ】……対して語った言葉である。【文章Ⅰ】と【文章Ⅱ】を読んで後の問いに答……名を省いたところがある。（配点　50）

【文章Ⅰ】

劉玄石曽(1)於中山酒家沽酒。酒……之至家大酔。其家不知、以為死、葬……千日、往視之、云已葬。於是開棺、酔……飲酒、一酔千日。」

（注）1　中山——地名。

東進　共通テスト実戦問題集　国語　解答用紙

▲マークシート（別冊巻末）

本冊

❶ 採点をする

解答解説編各回の扉には、正解と配点の一覧表が掲載されている。問題を解き終わったら、正解と配点を見て採点しよう。

❷ 解説を読む

❶ワンポイント解説動画の視聴

「はじめに」と各回の扉に掲載されている解説動画のQRコードを、スマートフォンなどで読み取ると著者によるワンポイント解説の動画を見ることができる。本書の解説を読む前に、動画にアクセスしてみよう。

▼はじめに

QRコード

▼解答解説編 扉

設問	解答番号	正解	配点	自己採点①	自己採点②
問1	1	②	3		
	2	①	3		
問2	3	③	3		
	4	①	3		
問3	5	⑤	6		
問4	6	⑤	6		
	7	④	6		
問5	8	②	6		
問6	9	②	7		
	10	①	7		

配点表

❷解説の熟読

わからなかったり知識が曖昧《あいまい》だったりした問題は、たとえまぐれで正解したとしても必ず解説を熟読し、解説中の知識や解き方の技能を身につけよう。また、「出題者は何を問うために設問を作ったのか」という視点で問題を見直そう。

▼解説

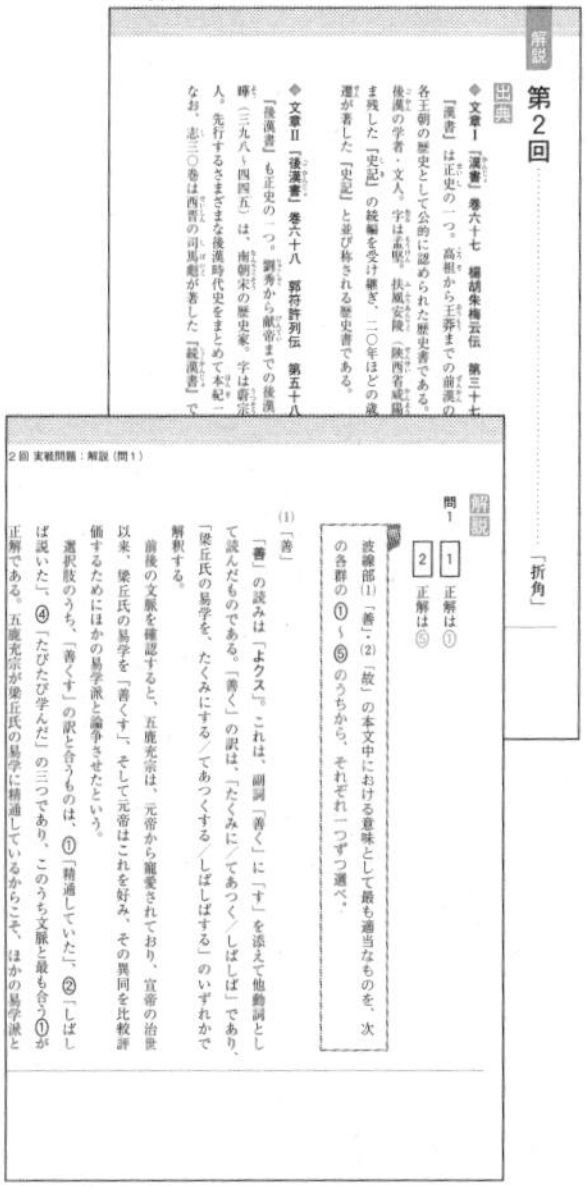

❸ 復習する

再びタイマーなどを二十分程度に設定して、マークシートも使いながら解き直そう。

解答解説編

目次

特集①～共通テストについて～

❶ 大学入試の種類

大学入試は「**一般選抜**」と「**特別選抜**」に大別される。一般選抜は高卒（見込）・高等学校卒業程度認定試験合格者（旧大学入学資格検定合格者）ならば受験できるが、特別選抜は大学の定めた条件を満たさなければ受験できない。

❶一般選抜

一般選抜は一月に実施される「**共通テスト**」と、主に二月から三月にかけて実施される大学独自の「**個別学力検査**」（以下、**個別試験**）のことを指す。国語、地理歴史（以下、地歴）、公民、数学、理科、外国語といった学力試験による選抜が中心となる。

国公立大では、一次試験で共通テスト、二次試験で個別試験を課し、これらを総合して合否が判定される。

一方、私立大では、大きく分けて①**個別試験のみ**、②**共通テストのみ**、③**個別試験と共通テスト**、の三通りの型があり、②③を「**共通テスト利用方式**」と呼ぶ。

❷特別選抜

特別選抜は「**学校推薦型選抜**」と「**総合型選抜**」に分かれる。

学校推薦型選抜とは、出身校の校長の推薦により、主に調査書で合否を判定する入試制度である。大学が指定した学校から出願できる「**指定校制推薦**」と、出願条件を満たせば誰でも出願できる「**公募制推薦**」の大きく二つに分けられる。

総合型選抜は旧「AO入試」のことで、大学が求める人物像（アドミッション・ポリシー）と受験生を照らし合わせて合否を判定する入試制度である。

かつては原則として学力試験が免除されていたが、近年は学力要素の適正な把握が求められ、国公立大では共通テストを課すことが増えてきている。

❷ 共通テストの基礎知識

二〇二一年度入試（二〇二一年一月実施）より「大学入試センター試験」（以下、センター試験）に代わって始まった共通テストは、「独立行政法人 大学入試センター」が運営する**全国一斉の学力試験**である。

❶センター試験からの変更点

大きな変更点としては、①英語でリーディングとリスニングの**配点比率が一対一**になったこと（各大学での合否判定における点数の比重は、大学によって異なるので注意）、②今までの「知識・技能」中心の出題だけではなく「**思考力・判断力・表現力**」を評価する出題が追加されたこと、の二つが挙げられる。

少子化や国際競争が進む中、二〇一三年に教育改革の提言がなされ、大学入試改革を含む教育改革が本格化した。そこでは、これからの時代に必要な力として、①知識・技能の確実な修得、②（①をもとにした）思考力、判断力、表現力、③主体性を持って多様な人々と協働して学ぶ態度、の「**学力の三要素**」が必要とされ、センター試験に代わって共通テストでそれらを評価するための問題が出題されることとなった。

❷出題形式

共通テストは、旧センター試験と同様の**マークシート方式**である。選択肢から正解を選び、マークシートの解答番号を鉛筆で塗りつぶしていくが、マークが薄かったり、枠内からはみ出ていたりする場合には機械で読み取れないことがある。また、マークシートを提出せず持ち帰ってしまった場合は0点になる。このように、正解しても得点にならない場合があるので注意が必要だ。

なお、共通テストの実際の成績がわかるのは大学入試が終わったあとになる。そのため、**自分の得点は自己採点でしか把握できない**。国公立大入試など、共通テストの自己採点結果をもとに出願校を決定する場合があるので、必ず問題冊子に自分の解答を記入しておこう。

❸出題教科・科目の出題方法（二〇二二年度入試）

教科	出題科目	出題方法等	科目選択の方法等	試験時間（配点）
国語	『国語』	「国語総合」の内容を出題範囲とし、近代以降の文章、古典（古文、漢文）を出題する。		80分（200点）
地理歴史 公民	「世界史A」「世界史B」「日本史A」「日本史B」「地理A」「地理B」 「現代社会」「倫理」「政治・経済」『倫理、政治・経済』	『倫理、政治・経済』は、「倫理」と「政治・経済」を総合した出題範囲とする。	左記出題科目の10科目のうちから最大2科目を選択し、解答する。 ただし、同一名称を含む科目の組合せで2科目を選択することはできない。なお、受験する科目数は出願時に申し出ること。	〈1科目選択〉 60分（100点） 〈2科目選択〉 130分（うち解答時間120分） （200点）
数学①	「数学Ⅰ」 『数学Ⅰ・数学A』	『数学Ⅰ・数学A』は、「数学Ⅰ」と「数学A」を総合した出題範囲とする。ただし、次に記す「数学A」の3項目の内容のうち、2項目以上を学習した者に対応した出題とし、問題を選択解答させる。〔場合の数と確率、整数の性質、図形の性質〕	左記出題科目の2科目のうちから1科目を選択し、解答する。	70分（100点）
数学②	「数学Ⅱ」 『数学Ⅱ・数学B』 『簿記・会計』 『情報関係基礎』	『数学Ⅱ・数学B』は、「数学Ⅱ」と「数学B」を総合した出題範囲とする。ただし、次に記す「数学B」の3項目の内容のうち、2項目以上を学習した者に対応した出題とし、問題を選択解答させる。〔数列、ベクトル、確率分布と統計的な推測〕 『簿記・会計』は、「簿記」及び「財務会計Ⅰ」を総合した出題範囲とし、「財務会計Ⅰ」については、株式会社の会計の基礎的事項を含め、【財務会計の基礎】を出題範囲とする。 『情報関係基礎』は、専門教育を主とする農業、工業、商業、水産、家庭、看護、情報及び福祉の8教科に設定されている情報に関する基礎的科目を出題範囲とする。	左記出題科目の4科目のうちから1科目を選択し、解答する。 ただし、科目選択に当たり、『簿記・会計』及び『情報関係基礎』の問題冊子の配布を希望する場合は、出願時に申し出ること。	60分（100点）
理科①	「物理基礎」 「化学基礎」 「生物基礎」 「地学基礎」		左記出題科目の8科目のうちから下記のいずれかの選択方法により科目を選択し、解答する。 A：理科①から2科目 B：理科②から1科目 C：理科①から2科目及び理科②から1科目 D：理科②から2科目 なお、受験する科目の選択方法は出願時に申し出ること。	【理科①】 〈2科目選択〉 60分（100点） 【理科②】 〈1科目選択〉 60分（100点） 〈2科目選択〉 130分（うち解答時間120分） （200点）
理科②	「物理」 「化学」 「生物」 「地学」			
外国語	『英語』『ドイツ語』 『フランス語』 『中国語』『韓国語』	『英語』は、「コミュニケーション英語Ⅰ」に加えて「コミュニケーション英語Ⅱ」及び「英語表現Ⅰ」を出題範囲とし、【リーディング】と【リスニング】を出題する 。 なお、【リスニング】には、聞き取る英語の音声を2回流す問題と、1回流す問題がある。	左記出題科目の5科目のうちから1科目を選択し、解答する。 ただし、科目選択に当たり、『ドイツ語』、『フランス語』、『中国語』及び『韓国語』の問題冊子の配布を希望する場合は、出願時に申し出ること。	『英語』 【リーディング 】 80分（100点） 【リスニング】 60分（うち解答時間30分） （100点） 『ドイツ語』『フランス語』『中国語』『韓国語』 【筆記】 80分（200点）

【備考】1「　」で記載されている科目は、高等学校学習指導要領上設定されている科目を表し、『　』はそれ以外の科目を表す。
2 地理歴史及び公民の「科目選択の方法等」欄中の「同一名称を含む科目の組合せ」とは、「世界史A」と「世界史B」、「日本史A」と「日本史B」、「地理A」と「地理B」、「倫理」と『倫理、政治・経済』及び「政治・経済」と『倫理、政治・経済』の組合せをいう。
3 地理歴史及び公民並びに理科②の試験時間において2科目を選択する場合は、解答順に第1解答科目及び第2解答科目に区分し各60分間で解答を行うが、第1解答科目及び第2解答科目の間に答案回収等を行うために必要な時間を加えた時間を試験時間とする。
4 理科①については、1科目のみの受験は認めない。
5 外国語において『英語』を選択する受験者は、原則として、リーディングとリスニングの双方を解答する。
6 リスニングは、音声問題を用い30分間で解答を行うが、解答開始前に受験者に配付したICプレーヤーの作動確認・音量調節を受験者本人が行うために必要な時間を加えた時間を試験時間とする。

特集②～共通テスト「漢文」の傾向と対策～

❶ 出題傾向

課題文の出典は**随筆**的な文章が圧倒的に多い。ただし固有名詞が一切出てこないような抽象度が高めなものは少なく、具体的なエピソードを含むものが多い。現代文でいえば、評論と小説の両方の要素を合わせもつような文章を好んで出しているといえる。

長さは一八〇字から二一〇字ほど。内容もやや難解で、決して読みやすくはない。共通テストの印象から、短くて簡単な文章が出題されると思いがちだが、例えば、旧帝大のひとつ大阪大学は課題文が半分程度、千葉大学は課題文の長さこそ同程度だが、設問数は三問のみ。選択式なので、難易度は低めに感じるかもしれないが、選択肢がなければ、国立二次より難しい。

共通テストは「複数の課題文を読ませる」ことをねらいとする。したがって一〇〇字から一四〇字程度のメインの課題文と、短めのサブの課題文との組合せで出題することになる。パターンとしては、故事とその故事を踏まえた文章、論説とその論説に対する反論、詩とその詩に関連する文章などが考えられる。

気になる詩については、センター試験では二〇〇三、〇七、一〇、一四（追試験）、二〇年に出題された。共通テストでは、複数課題文問題を作りやすいこともあり、詩の出題は増えると思われる。対策は必須である。

設問は6問から7問程度。枝問がいくつかあるので、マーク数は8問前後となる。問1・問2には語の読みや意味の問題（おおむね枝問2つ、最大計4問）、問3以降に書き下し、空欄補充、解釈などの問題があり、これらは知識で答えを出せるか、少なくとも選択肢を二つまで絞れるので、半数以上は「**知識**」で解けるといえる。

Ⓐ **語の読み…**「倶（ともに）」「寡（すくなくして）」「嘗（かつて）」「与（ともに）」「蓋（けだし）」「愈（いよいよ）」など。

Ⓑ **語の意味…**「果（案の定）」「当（きっと～だろう）」「生（生計）」「積（蓄積）」「祖（起源）」「幾（近い）」「対（こ

たえて)」「乃(やっと)」など。「生」「積」のように、熟語で答えさせる場合もある。

C **同訓異字**…「ついに(遂・卒・終・了・竟)」「しばらく(暫・姑・且)」「たまたま(偶・適・会)」といった同訓異字を問うもの。「将(まさに〜んとす)」「自(より)」と「同じ読み方をするもの」を問われて「且(まさに〜んとす)」「従(より)」を選ぶ、「徒(ただ)」「固(もとより)」の「ここでの意味と、最も近い意味をもつ漢字」を問われて「只(ただ)」「本(もとより)」を選ぶなど。

D **語・句(短文)の解釈(意味)**…「何」「周」「至哉」「晩乃善」「豈可以少哉」「知之」「知開封府」「千載之上」「舟車之所湊」など。単純に語彙力を問うA・B・Cと異なり、文意・文脈も考え合わせて解く。枝問あり。

E **書き下し文**

F **返り点と書き下し文**…傍線部は白文。句法および文構造を考慮して解く。選択肢中の返り点は書き下し文に応じて正しく打たれているので、返り点の打ち方は問われていない。

G **書き下し文とその解釈**…傍線部は多くが白文。①枝問はなく、正しい書き下し文と解釈の組合せを問うものと、②枝問があり、書き下し文と解釈をそれぞれ別に問うものとがある。

H **句法の説明**

I **解釈**

J **空欄補充**…①文意・文脈を踏まえて空欄に適切な表現(「未」「能」「無不」)を補充するもの。読解力に加えて句法の知識を問われている。空欄の数は一つ。②対句・対比を踏まえて適切な語句を補充するもの。読解力を問われている。空欄の数は三つ程度。

K **空欄補充(詩)**…詩の決まりについて問うもの。空欄は偶数句末にあり、「偶数句末の字では韻を踏む」という決まりを利用して解く。選択肢の中には、韻を踏んでいる字が複数あり(「窓《そう》・空《こう》・虹《こう》」「心《しん》・進《しん》・臣《しん》」)、さらに対句・文意などを考え合わせて一つに絞る。なお、絶句（四句）・律詩（八句）の区別や、「詩聖（杜甫《とほ》）」「詩仙（李白《りはく》）」の区別、また彼らが初唐の詩人なのか盛唐の詩人なのか、といった詩に関する知識を問うものもまれに出る。

ここまでは知識主体の問題である。句法を中心に、基本単語（城［まち］、奇［珍しい］、霊［すぐれている］など）、難読語（主に副詞。ほか、周［あまねく］、適［ゆく］、逮［およぶ］など）、多訓多義語（「之」「為」「与」「卒」「易」「疾」「発」など、複数の訓読みと意味をもつ字）、同訓異字などの知識を要求されている。

Ⓛ **内容説明**…「……はどういうことか」などと問うもの。単純に「……の説明として最も適当なものを」と問われることもある。解釈問題とさほど差はない。傍線部中の句法、難読語、主語・目的語、指示語に着目し、文意・文脈を考え合わせて内容を読み取る。

Ⓜ **状況説明**…「……の状況を説明したものとして最も適当なものを」「前後の状況の説明として最も適当なものを」などと問われる。傍線部の前後を見て、句法、難読語、主語・目的語、指示語に着目し、文意・文脈を考え合わせて状況を読み取る。

Ⓝ **理由説明**…「……はなぜか、その理由として最も適当なものを」などと問われる。まずは傍線部を解釈する。この段階で二つほどに絞れることもしばしば。その後、傍線部の前（あるいは後）の句法、難読語、主語・目的語、指示語に着目し、文意・文脈を考え合わせて理由を読み取る。

Ⓞ **心情説明**…「……に込めた心情として最も適当なものを」「……から読み取れる筆者の心情として最も適当なものを」などと問われる。まずは傍線部を解釈する。次に傍線部の前後を考え合わせて心情を読み取る。選択肢の内容を、肯定的な心情か否定的な心情かに分類すると解けることもある。

Ⓟ **表現説明**…「……の表現に関する説明として最も適当なものを」などと問われる。

Q **内容一致**…いわゆる最終問題。本文全体を読み取れているかどうかを試す問題。「本文の内容と最もよく合致するものを」などと問われる。筆者の最終的な主張や文章のオチ・結末を読み取らせることが多く、最後の数行を読めば答えが出ることもしばしば。

ここまでが読解主体の問題である。とはいえ、そもそも知識がなければ、正確な読解はできない。正答率を上げるには「**知識**」をたくわえる必要がある。アルファベットの英語、平仮名の古文と異なり、漢文は読み慣れた漢字で書かれているので、事前に句法を覚えたり語彙力を上げたりせずとも、字面から内容をある程度予想できる。そのおかげで、くみしやすい印象を与えるが、より正確に、より速く読解・解答するには、知識が必要である。逆にいえば、知識さえあれば、**一〇分で満点を取ることも**難しくはない。

❷ 対策

漢文学習の柱は**句法**（句形）である。

句法は英語の「構文」にあたるもので、句法を学ぶうえで大事なのは、「**訳の公式**」と思ってもらっていい。句法を学ぶうえで大事なのは、「読み」に加えて「訳」である。仮に「当」を「まさに～べし」と読めたとしても、「～しなければならない」「きっと～だろう」と訳せなければ、正しく傍線部を解釈できず、文脈に合うかどうかも判断できないし、本文全体の読解にも支障をきたしてしまう。

再読文字（「当」「応」「猶」「宜」「須」）、**使役**（「使」「令」）、**疑問・反語・詠嘆**（「豈」「安」「何」「何如」「奈何」「不亦―乎」）、**比況・比較**（「如」「若是」「猶」「不若」「豈如」）、**抑揚**（「且」「況」）、**累加**（「不独」「豈独」）、**二重否定**（「無不」「非不」「不如未」「未必不」）、**部分否定・全否定**（「未必」「不必」「必不」）、**受身**（「為―所…」）、**仮定**（「若」「使」）など、（　）の中はいずれも過去問で出題されたものである。いくつわかるだろうか。

ほか「所」「之」「為」など、参考書・問題集では大きく扱わないような句法も頻出であり、疑問推量の「豈」や仮定の「使」といった受験生にとって意外な句法も出る。再読文字の「宜」「須」「盍」はめったに出題されないが、再読文字の使い分けに特化した問題が出るので、すべてに習熟しておかなければならない。このあたり、共通テストの傾向をよく踏まえた参考書・問題集を慎重に選んで学ぶ必要がある。

　句法と並ぶ柱となるのが**副詞**だ。問1・問2あたりの語彙力問題だけでなく、書き下し問題、解釈問題、説明問題でも活躍する。過去には「已に啼く」を「もう泣いている」と訳せれば正解できた問題、「何必親生」の「親」を「親ら《みづか》（自分で）」と解釈できれば正解できた問題、傍線部直前の「妄りに言ふ」を「いいかげんなことを言う」と解釈できれば正解できた問題もあった。

　ほか**基本単語**、**難読語**、**多訓多義語**、**同訓異字**なども解答のヒントとなる。講義、参考書、問題集、過去問演習を通じて身につけていこう。

準備に時間をかければかけるほど、本番で時間がかからない。知識をたくわえればたくわえるほど、より正確に、より速く解答できる。本番では一〇分で五〇点を確保し、ここで稼いだ時間を現代文や古文に振り分ける。ここでの努力は、国語全体の得点アップにつながる。努力は必ず報われる！

　知識をたくわえたら、次は**解き方**だ。

①書き下しや解釈の問題では傍線部中に句法・副詞・難読語などを探す、
②説明問題では傍線部前後に句法・副詞・難読語などを探す、
③主語・目的語を常に明確にする、
④指示語を見つけたら中身を考える、
⑤反語や二重否定は必ず否定文や肯定文に言い換える、
⑥対句・対比を発見して整理する、
⑦前書きや注も読解の対象と心得る。

――これらは講義や参考書を通じて身につけられる。しっかり準備して本番に臨み、めざせ一〇分で満点！

解答解説 第1回

解説動画

出演：寺師貴憲先生

設問	解答番号	正解	配点	自己採点①	自己採点②
問1	1	②	3		
	2	①	3		
問2	3	③	3		
	4	①	3		
問3	5	③	6		
問4	6	⑤	6		
	7	④	6		
問5	8	②	6		
問6	9	②	7		
	10	①	7		
合計（50点満点）					

第1回 「千日酒」

出典

◆文章Ⅰ 『太平御覧《たいへいぎょらん》』巻八百四十五

『太平御覧』は類書《るいしょ》の一つ。千巻。北宋《ほくそう》の太宗《たいそう》の勅命を受け、李昉《りぼう》らが編纂《へんさん》した。類書とは、自然界と人間社会のあらゆる事物・現象についての記事を既存の書物から抜粋し、分類して体系化した書物のこと。引用でできた百科事典のようなものである。もともと皇帝が幅広く教養を得るために編纂させたもので、この『太平御覧』のほか、唐《とう》の『芸文類聚《げいもんるいじゅう》』、宋の『冊府元亀《さっぷげんき》』、明《みん》の『永楽大典《えいらくたいてん》』、そして最大の類書である清《しん》の『古今図書集成《ここんとしょしゅうせい》』が知られている。

◆文章Ⅱ 『郁離子《いくりし》』

明の劉基《りゅうき》の寓話集。著者の劉基はもと元《げん》の官僚。官を捨てて郷里に戻り、『郁離子』を執筆。その後、朱元璋《しゅげんしょう》の招きに応じ、ライバル陳友諒《ちんゆうりょう》との戦いでは軍師として活躍し、漢《かん》の張良《ちょうりょう》や蜀《しょく》の諸葛亮《しょかつりょう》になぞらえられた。また、明の成立後には制度・文物を定めて国家の基礎を築いた。詩文に優れるほか、天文、兵法、数理、風水にも通じた多才の人である。

書き下し文

◆文章Ⅰ

劉玄石《りゆうげんせきかつ》曽て中山《ちゆうざん》の酒家《しゆか》に於《お》いて酒《さけ》を沽《か》ふ。酒家千日酒《しゆかせんにちしゆ》を与《あた》へて之《これ》に飲《の》ましむ。家《いへ》に至《いた》りて大《おほ》いに酔《ゑ》ふ。其《そ》の家《いへ》知《し》らず、以《もつ》て死《し》すと為《な》し、之《これ》を葬《はうむ》る。後酒家《のちしゆか》計《はか》りて千日《せんにち》に向《なんなん》とすれば、往《ゆ》きて之《これ》を視《み》るに、已《すで》に葬《はうむ》れりと云《い》ふ。是《ここ》に於《お》いて棺《ひつぎ》を開《ひら》けば、酔《ゑ》ひ始《はじ》めて醒《さ》む。俗《ぞく》に云《い》ふ、「玄石酒《げんせきさけ》を飲《の》み、一酔千日《いつすいせんにち》」と。

◆文章Ⅱ

昔者《むかし》、玄石《げんせき》酒《さけ》を好《この》み、酒《さけ》に困《くる》しめらる。五臓《ござう》熏灼《くんしやく》せられ、肌骨《きこつ》蒸煮《じようしや》せられて裂《さ》くるがごとし。百薬《ひやくやく》も救《すく》ふ能《あた》はず、三日《みつか》にして後《のち》釈《と》く。其《そ》の人《ひと》に謂《い》ひて曰《い》はく、「吾今《われいま》にして後酒《のちさけ》の以《もつ》て人《ひと》を喪《ほろ》ぼすべきを知《し》るなり。吾《われ》敢《あ》へて復《ま》た飲《の》まず」と。居《を》ること月《つき》を閲《けみ》する能《あた》はず。同飲至《どういんいた》り、試《こころ》みに之《これ》を嘗《な》めんと曰《い》ふ。始《はじ》め三爵《さんしやく》にして止《とど》まるも、明日《みやうじつ》は之《これ》を五《ご》とす。又明日《またみやうじつ》は之《これ》を十《じふ》とし、又明日《またみやうじつ》にして大《おほ》いに爵《しやく》して、其《そ》の死《し》せんと欲《ほつ》するを忘《わす》れり。故《ゆゑ》に猫《ねこ》は魚《うを》を食《く》らふ無《な》き能《あた》はず、鶏《にはとり》は蟲《むし》を食《く》らふ無《な》き能《あた》はず、犬《いぬ》は臭《にほひ》を食《く》らふ無《な》き能《あた》はず。性《せい》の耽《ふけ》る所《ところ》、絶《た》つ能《あた》はざるなり。

通釈

◆文章Ⅰ

劉玄石は以前中山の酒屋で酒を買った。酒屋は（酔えば千日醒めないという）千日酒を与えて彼に飲ませることにした。（玄石は）家に帰り、（千日酒を飲んで）ひどく酔った。玄石の家族は（彼が酔いつぶれているだけとは）気づかず、死んだものと思って彼を埋葬した。その後、酒屋は（千日酒を売ってから）数えて千日経とうとしていたので、（玄石の家に）様子を見に行くと、（玄石の家族は）もう埋葬したと言う。そこで（掘り出して）棺を開けてみると、（玄石は生きており、）酔いからようやく醒めたところだった。俗に言う、「玄石酒を飲み、ひとたび酔えば千日」という話だ。

◆文章Ⅱ

むかしむかし、劉玄石は酒好きで、酒に苦しめられていた。内臓は燻《いぶ》され焼かれ、全身は蒸され煮られるように痛み、まるで引き裂かれるかのようだった。あらゆる薬が効かなかったが、三日後、苦しみは消え去った。（玄石は）ある人に「僕は今になってようやく酒が人を滅ぼしかねないと理解した。僕はもう二度と酒を飲んだりはしない」と言った。（しかし、その誓いも）ひとつき保たなかった。飲み仲間がやって来ると、（玄石は酒を）試しに味わってみたいと言い出した。最初は三杯で収まったが、翌日は五杯飲み進めた。その翌日は十杯飲み、そのまた翌日は大いに杯を重ねて、か

って（酒のせいで）死にかけたことをすっかり忘れていた。というわけで、猫は魚を食べないわけにはいかないし、鶏は虫を食べないわけにはいかないし、犬は臭いを嗅がないわけにはいかない。（そのように）生まれつきの性質が耽溺《たんでき》するものは、断つことはできないのだ。

解説

問１　1　正解は②
　　　2　正解は①

> 問　波線部(1)「曽」・(2)「於レ是」のここでの読み方として最も適当なものを、次の各群の①～⑤のうちから、それぞれ一つずつ選べ。

▼漢字の読みを問う問題では、事前にたくわえておいた知識を踏まえて、直感的に答えて時間をかせぐ。

(1)「曽」

「曽」の読みは**「かつテ」**。正解は②。訳は「以前」など。ほか、「嘗」も同じく「かつテ」という読みをもつ。

(2)「於レ是」

「於レ是」の読みは**「ここニおイテ」**。正解は①。訳は「そこで／このときに／そうしたわけで」など。ほか、「于是」も同じ。

◎「是」を含む表現

語	読み・意味
於レ是	読 ここニおイテ 訳 そこで／このときに／そうしたわけで
是以	読 ここヲもって 訳 そこで／そうしたわけで
以レ是	読 これヲもって 訳 それによって／そのせいで
自レ是	読 これより 訳 それから／それ以来
由レ是	読 これニよリテ 訳 このことによって
如レ是	読 かクノごとシ 訳 このようである

問２

3　正解は③

4　正解は①

> 問　二重傍線部(ア)「喪」・(イ)「嘗」の意味として最も適当なものを、次の各群の①～⑤のうちから、それぞれ一つずつ選べ。

▼漢字の意味を問う問題では、まず出題された漢字を含む熟語を考えて、そこから漢字の意味を推測するとよい。

(ア)「喪」

「**喪**」を含む熟語を想起する。喪主、服喪《ふくも》、喪失、意気《いき》沮喪《そそう》（＝意気込みがくじけて、やる気や元気がなくなる）などが挙げられる。ここから「喪」は「人が死ぬこと／何かを失うこと」を意味する漢字だと推測する。この段階で、②「かなしむ」と⑤「すてさる」を消去。①「うしなう」と④「しぬ」が「喪」の意味に合っており、③「ほろぼす」はないわけではない、といったところ。

二重傍線部の前後には「酒が人を『喪』できることを知った」とあり、①「酒は人を失う」、④「酒は人を死ぬ」は日本語として不自然。一方、③「ほろぼす」であれば、「酒は人を滅ぼす」となって問題はない。正解は③。

(イ)「嘗」

「嘗」には、副詞として①「かつて」、②「つねに」、動詞として③「なむ」（＝味わう／経験する）といった意味がある。受験漢文での定番は「かつて」であり、「未$_{二}$嘗A$_{一}$（未《いま》だ嘗《かつ》てAせず）」の形でも学ぶ。また「嘗」を含む熟語には「臥薪《がしん》嘗胆《しょうたん》」❶があり、これは「薪《たきぎ》に臥《ふ》し胆《きも》を嘗《な》む」（＝寝心地の悪い薪の上で寝て、苦い肝をなめる）という意味。目的を果たすため、自らにあえて辛苦を課すことをいう。

二重傍線部の前後には「試しにこれを『嘗』と言った」とあり、「かつて」では合わない。正解は**①**。「嘗」を見て直感的に「かつて」を選んで終わりにするのではなく、必ず傍線部を含む一文を訳し、文意・文脈を考え合わせて正しいかどうか確認することが大事である。

なお、**②**「こころみる」と**④**「ためす」は同じ意味なので、この両者が正解になる可能性はない。**②**が正解なら**④**も正解になってしまうからだ。

---

❶**臥薪嘗胆**——春秋時代、呉《ご》王夫差《ふさ》は固い薪の上で寝て、父親の仇敵である越《えつ》王勾践《こうせん》への恨みを忘れないようにし（臥薪）、その後夫差は会稽《かいけい》山で勾践に勝利した。敗れた勾践は枕元に苦い肝を置いて目覚めるたびになめ、敗北の恥を忘れないようにし（嘗胆）、最後には呉を滅ぼした。（『史記』越世家、『十八史略』春秋戦国・呉より）

　ちなみに、勾践が会稽山で夫差に敗れた故事から、「会稽の恥」（＝他人から受けたひどい屈辱）という言葉が生まれた。その屈辱を晴らすことを「会稽の恥を雪《すす》ぐ」という。

問3　5　正解は③

問　傍線部**A**「酔始醒」とあるが、どういうことか。その説明として最も適当なものを、次の①～⑤のうちから一つ選べ。

傍線部の直訳は「酔いがはじめて醒めた」であり、それはどういうことなのかと問われている。

本文によれば、劉玄石が大いに酔ってから千日後、ようやくその酔いは醒めた、つまり千日間、およそ三年間も劉玄石はずっと酔いつづけていたという。傍線部には「酔いがはじめて醒めた」とあっさり書いてあるが、ありえないことに「**千日（＝三年）経ってようやく劉玄石は酔いから醒めた**」というわけである。

正解は③「酔いが醒めるまでに三年も必要だった」。

①「強い酒のせいで死んだ劉玄石」が不適。死んだと誤解はされたが、死んではいない。

②①と同様、「劉玄石は千日間も死んでいた」が不適。劉玄石は死んでいない。

④「三ヵ月間」が不適。千日はおよそ三年である。

⑤「その死を望む家族に生き埋めにされた」が不適。そのようなことは本文には書いていない。そもそも、傍線部の「酔いがはじめて醒めた」と関係がない。

問４

6 正解は ⑤
7 正解は ④

問
傍線部**B**「吾不敢復飲矣」・**D**「猫不能無食魚」の書き下し文とその解釈との組合せとして最も適当なものを、次の各群の①～⑤のうちから、それぞれ一つずつ選べ。

▼このタイプの問題では、選択肢の解釈を見ず、書き下し文に着目して答えを出す（少なくとも選択肢を絞る）。

B「吾不敢復飲矣」

ポイントは「不敢」、「不復」、「矣」。

「**敢**」は「無理だとわかっていながら／失礼とは知りながら／してはいけないとわかっていながら／僭越《せんえつ》ながら／勇気を出して／わざわざ／強いて／無理に～する」という意味の副詞で、「**不敢**」は「敢《あ》へて～ず」と訓読し、「**～する強い意思はない**／**～する勇気はない**」という意味になる。

また「**敢不**」は**必ず反語**になり、「敢へて～ざらんや」と訓読して、「どうして～しないことがあろうか／どうして～しないでいられようか」＝「～しないわけにはいかない／~しないではいられない」＝「**必ず~する／きっと~する／~するしかない**」などと訳す。

傍線部は前者の「不敢」の形になっており、「敢へて~ず」と読む。

次に「**不復**」。「復」は「復《ま》た」と読み、「もう一度／ふたたび」などと訳す。「不復」は「もう一度~することはない／二度と~しない」を意味する部分否定で、「復不」は「またも~しない／ふたたび~しない」を意味する全否定。どちらも書き下し文は「復《ま》た~ず」で、全く同じ。部分否定であっても「復たは」とは読まない。

「**矣**」は**文末の置き字**で、つまり読まない。

以上を踏まえて傍線部を素直に読むと、「吾敢へて復た飲まず」となり、ひとまず⑤になる。

最後に、選択肢の解釈を見ず（選択肢の解釈が正しいとは限らない）、自力で訳して、**文意として自然か**、**文脈に合うか確認**する。直訳は「私は二度と酒を飲んだりはしない」。劉玄石が酒にずいぶんと苦しめられたあとのセリフ「僕は今になってようやく酒が人を滅ぼしかねないと理解した」に続く言葉なので、文意・文脈ともに問題なし。正解は⑤。

◎置き字一覧

語	用法・意味
於 于 乎	場所・時間・条件・原因・理由・対象など
而	順接　[用言] して [用言] す 逆接　[用言] するも（すれども） [用言] す
矣	推量・完了・断定
焉	断定

D「猫不能無食魚」

ポイントは、対句と「不能無」。まず、傍線部を含む一文を見てみよう。

故猫不能無食魚、（というわけで、猫は魚を「不能無食」）
鶏不能無食蟲、（鶏は虫を食べないわけにはいかない）
犬不能無食臭。（犬は臭いを嗅がないわけにはいかない）

「猫不能無食魚」は「鶏不能無食蟲」「犬不能無食臭」と**対句**（的な表現）になっている。後者が「鶏は蟲を食らふ無き能はず」「犬は臭ひを食らふ無き能はず」と読まれているので、これを踏まえ、傍線部も「猫は魚を食らふ無き能はず」と読む。この段階で正解は④か⑤。

次に「**不能無**」の解釈。傍線部の「不能無」は「不能不」と同じ**二重否定**の表現で、「**Aしないわけにはいかない／Aせずにはいられない**」などと訳す。したがって「猫は魚を食べないわけにはいかない」という解釈になるので、正解は④。

なお⑤は、「無不」（読「〜セざル（ハ）なシ」・訳「〜しないことはない／必ず〜する」）の訳を使ったひっかけ。

問5　8　正解は②

問　傍線部C「忘二其欲レ死矣」の解釈として最も適当なものを、次の①～⑤のうちから一つ選べ。

ポイントは**推量**の句形「**欲**」、指示語「其」の内容、および「忘」の主語。

まず「欲レA」は「Aセントほっス」と読み、「**Aしたいと思う／Aしようとする**」などと訳す。英語では、want to よりも will に近い。「欲レ死（死せんと欲す）」の訳は「死にたいと思う」あるいは「死にそうになる」。

次に「其」の指示内容を考える。「其」は「欲レ死」の意味上の主語の位置にあり、「欲レ死」の訳はどうあれ、「其」の中身になれるのは「劉玄石」のみ。

最後に「忘」の主語。傍線部直前の「大いに爵して」（＝大いに杯を重ねて）に目を向ければ、こちらも「劉玄石」だとわかる。

傍線部の直訳は「（劉玄石は自分が）死にたいと思ったこと／死にそうになったことを忘れた」。本文によれば、劉玄石は酒のせいで五臓が焼かれるような目にはあっているものの、だからといって死にたいとは思っていないので、「欲レ死」の訳は「死にそうになった」の方がよい。

したがって「欲レ死」を「死にたい」と解釈する①・④・⑤を消去。また「其の死せんと欲する」は、本文冒頭、劉玄石が酒のせいで死にそうになった経験を指すのであって、③のように「限度を超えて酒を飲めば死んでしまうこと」を指していない。そもそも、「死せんと欲す」（＝死にそうになる）を「（〜ならば）死んでしまう」と解釈することは困難である。正解は②。

問6

9 正解は②

10 正解は①

問 次に掲げるのは、授業の中で【文章Ⅰ】と【文章Ⅱ】について話し合った生徒の会話である。これを読んで、後の(i)・(ii)の問いに答えよ。

▼生徒の言語活動の場面（会話や作成資料）を題材とする問題。複数の課題文に加え、生徒の会話も理解して問題を解く。

問 (i) X に入る最も適当なものを、次の①〜⑤のうちから一つ選べ。

生徒Cが【文章Ⅰ】【文章Ⅱ】のどちらでも劉玄石が酒のせいでひどい目にあっ

ている点を指摘したうえで、「僕なら二度と酒なんて飲まない」と感想を述べる。それに対して生徒Bは「でも、劉玄石は違う」と明言する。つまり**劉玄石はそれでも酒を飲む**ということになる。

この流れを踏まえて選択肢を見ると、①・②・⑤に違和感はなく、また⑤が最も常識に合致するので、これが正解に見える。

しかし、ここで忘れてはいけないのは、設問はあくまで受験生が本文を理解できているかを試していること。特に**最終問題は内容把握問題と呼ばれ**、おおむね**本文全体を読めているかどうかを試す問題**になる。

【文章Ⅱ】に戻り、結論部分を読み返すと、そこには「猫は魚を、鶏は虫を、犬は臭いを食らわないわけにはいかないように、『性』が耽溺するものは断つことはできないのだ」と書いてある。猫が魚を食べるのは「性」（＝生まれつき備わっている性質）であって、猫が魚を断つことはできない、同じように劉玄石の酒好きは「性」（＝生まれつきのもの）であって、彼が酒を断つことはできない、というわけである。

正解は②。酒好きが「性」（＝生まれつきのもの）だとする選択肢は②・④しかなく、そのうち④は、人間すべてが酒に耽溺する、と解釈しているので不適。

問 (ii) [Y] に入る最も適当なものを、次の①～⑤のうちから一つ選べ。

生徒Aは、劉玄石が**【文章Ⅰ】**では単に三年酔って寝ていただけなのに、**【文章Ⅱ】**では [Y] として登場すると主張する。生徒Bがそれに賛同して「劉玄石は『どうしようもない酒好き』というキャラクターになったんだ」と加える。つまり、[Y] には「どうしようもない酒好き」と言い換えられる内容が入っていることになる。

この流れを踏まえて選択肢を見ると、③が最も常識に合致する。ほか、①・②・⑤でも違和感はない。

この設問は、**会話の流れ、課題文に加えて、前書きも総合して漢文を理解できるか試したもの**である。前書きによれば、**【文章Ⅱ】**は「収賄がやめられず官職を追われた男に対して語った言葉」だという。

劉玄石がどれだけひどい目にあっても酒をやめられなかったように、この人物も官職を追われる目にあおうが収賄はやめられないだろう、つい欲に負けて賄賂を受け取るのは彼の「性」だから、この男が収賄という悪事を断つことはできないのだ、と語っていることになる。

過ちを犯す人間は、それが彼の「性」（＝生まれつきのもの）だから、どれだけ

死にかけても
酒を飲む
性
職を追われても
賄賂を受け取る

ひどい目にあっても改まることはない……その象徴的な人物として【文章Ⅱ】の作者は劉玄石を取り上げた。「生まれつき過ちを犯す人間」に触れているのは、「過ちを犯す人間として生まれた者は終生改まらない」と述べる①だけである。

正解は①。

重要単語リスト

	語	読み	品詞	意味
□	曾	【かつテ】	副	以前に。これまでに。
□	以為	【もつテ〜トなス】	動	〜と思う。〜と見なす。〜にする。
□	向	【なんなんトス】	動	〜になろうとする。
□	云	【いフ】	動	言う。
□	於是	【ここニおイテ】	副	そこで。そうしたわけで。そのときに。
□	始	【はじメテ】	副	ようやく。
□	昔者	【むかし】	副	むかし。いにしえ。
□	為	【る／らル】	助動	〜される。
□	如	【ごとシ】	助動	〜のようだ。〜と同じだ。

	語	読み	品詞	意味
□	不能	【あたハズ】	動	〜できない。
□	謂	【いフ】	動	言う。
□	可以	【もつテ〜ベシ】	助動	〜できる。〜した方がよい。
□	也	【なり】	助動	〜のである。〜のだ。
□	嘗	【なム】	動	味わう。なめる。
□	欲	【ほっス】	動	〜しようとする。〜したいと思う。〜するだろう。
□	所	【ところ】		もの。こと。ひと。ところ。

知識の総整理

◆「敢」を含む句形

	句形	読	訳
❶	不㆓敢ヘテＡセ㆒	あへテＡセず	Ａしたりしない
❷	敢ヘテ不㆑ランヤＡセ	あへテＡセざランヤ	どうしてＡしないことがあろうか ＝Ａしないわけにはいかない ＝必ずＡする／きっとＡするだろう
❸	不㆓敢ヘテ不㆑ンバアラＡセ㆒	あへテＡセずンバアラず	Ａしないわけにはいかない

▼「敢」は「無理だとわかっていながら／失礼とは知りながら／してはいけないとわかっていながら／僭越ながら／勇気を出して／わざわざ／強いて／無理に〜する」という意味の副詞で、「不敢」は「〜する強い意思はない／〜する勇気はない」という意味になる。

【例】不㆓敢仰視㆒。

読　敢《あ》へて仰視《ぎやうし》せず。

訳　（気後れして）顔を上げて見る勇気はなかった。

▼**「敢不」は文脈や、文末の「乎（哉・耶などの疑問の終助詞）」の有無に関係なく、必ず反語になる。**訳は「どうして〜しないことがあろうか／どうして〜しないでいられようか」↓二重否定「〜しないわけにはいかない／〜しないではいられない」↓肯定「必ず〜する／きっと〜する／〜するしかない」などとなる。

▼「不敢不」は、形は「不得不」「不可不」「不能不」と同じで、かつ訳も同じく「〜しないわけにはいかない／〜せずにはいられない」となる。ところが、訓読は「未嘗不（未《いま》だ嘗《かつ》て〜ずんばあらず）」「未必不（未《いま》だ必《かなら》ずしも〜ずんばあらず）」と同じく「敢へて〜ずんばあらず」となる。

◆「復」を含む否定の句形

句形	読	訳
❶ 不ニ復タAセ一	まタAセず	二度とAしない
❷ 復タ不レAセ	まタAセず	またもAしない

▼「不復」は部分否定。ただし「(一度はしたけれども)ふたたび～することはない」という意味になっている場合と、「(いったん……すると)二度と～しない」という意味になっている場合とがある。

【例】兎不レ可ニ復 得一。

読 兎《うさぎ》復《ま》た得《う》べからず。

訳 (兎が切り株にぶつかって死に、一度は兎を手に入れたけれども、その後、どれだけ切り株を見守っても)兎は二度と手に入らなかった。

【例】黄鶴一去不ニ復 返一。

読 黄鶴《こうかく》一《ひと》たび去《さ》って復《ま》た返《かへ》らず。

訳 黄色の鶴はいったん飛び去ってしまうと、もう二度と帰って来なかった。

※一度は帰って来たが、ふたたび帰ることはなかった、という意味ではない。

▼「復不」は全否定。ただ用例は少なく、そもそも「不復／復不」を部分否定・全否定と見なすこと自体を疑問視する意見もある。

◆二重否定の句形

句形	読	訳
❶ 不レ能ハレ不ルレAセ	Aセざル（コト）あたハず	Aしないわけにはいかない
❷ 不レ得レ不ルヲレAセ	Aセざルヲえず	Aしないわけにはいかない
❸ 不レ可カラレ不ルレAセ	Aセざルベカラず	Aしなければならない
❹ 不レ如カレ不ルニレAセ	Aセざルニしカず	Aしないほうがよい（まし）
❺ 不レ有ラレ不ルレAセ	Aセざル（コト／モノ）あラず	Aしないことはない ＝必ずAする

▼「不レ□レ不レ…」型の二重否定。

▼「不」が「未」「弗」になっていても柔軟に対応すること。例えば、「未可不」「不得弗」「不如未」などとあっても、「未だ～ざるべからず」「～せざるを得ず」「未だ～ざるに如かず」と訓読して、それぞれ「まだ～しなければならない」「～しないわけにはいかない」「まだ～しないほうがよい」などと訳すように。

▼二重否定の文は、通常、肯定文に言い換えるが、このタイプの二重否定はあまり言い換えない。特に❹は絶対に言い換えない。一方、❺は必ず言い換える。

◆対句

修辞法の一つ。字数や文法構造が同一で、内容的にも対応関係のある句を並べて、対照や強調の効果を与えるもの。詩でも散文でも使われる。論説と呼ばれる抽象度の高い文章（現代文でいえば評論）では、多いときは十数組の対句が並んでいたりするが、共通テストの場合、そこまで多いのはまれで、おおむね二組から三組程度含まれると考えておくとよい。

なお厳密には対句と言えなくとも、同じような（似たような）言い回しを繰り返す反復表現があれば、とりあえず対句と見なして線を引いておく。その表現の反復に着目したり内容の対応に着目したりできれば、書き下し問題や解釈問題を解くのに役立つ。

解答解説 第2回

解説動画

出演：寺師貴憲先生

設問	解答番号	正解	配点	自己採点①	自己採点②
問1	1	①	3		
	2	⑤	3		
問2	3	③	3		
	4	②	3		
問3	5	⑤	4		
	6	③	4		
問4	7	④	6		
問5	8	④	6		
問6	9	⑤	6		
	10	①	6		
	11	④	6		
合計（50点満点）					

第2回 ……「折角」

出典

◆文章Ⅰ『漢書《かんじょ》』巻六十七　楊胡朱梅云伝　第三十七

『漢書』は正史《せいし》の一つ。高祖《こうそ》から王莽《おうもう》までの前漢《ぜんかん》の歴史を扱ったもの。正史とは、各王朝の歴史として公的に認められた歴史書である。編者の班固《はんこ》（三二～九二）は、後漢《ごかん》の学者・文人。字《あざな》は孟堅《もうけん》。扶風安陵《ふふうあんりょう》（陝西省咸陽市《せんせいしょうかんようし》）の人。父の班彪《はんぴょう》が未完のまま残した『史記《しき》』の続編を受け継ぎ、二〇年ほどの歳月を費やして完成させた。司馬遷《しばせん》が著した『史記』と並び称される歴史書である。

◆文章Ⅱ『後漢書《ごかんじょ》』巻六十八　郭符許列伝　第五十八

『後漢書』も正史の一つ。劉秀《りゅうしゅう》から献帝《けんてい》までの後漢の歴史を扱ったもの。編者の范曄《はんよう》（三九八～四四五）は、南朝宋《なんちょうそう》の歴史家。字は蔚宗《うつそう》。南陽順陽《なんようじゅんよう》（河南省淅川県《かなんしょうせっせんけん》）の人。先行するさまざまな後漢時代史をまとめて本紀《ほんぎ》一〇巻、列伝《れつでん》八〇巻を完成させた。なお、志《し》三〇巻は西晋《せいしん》の司馬彪《しばひょう》が著した『続漢書《しょくかんじょ》』で補ったもの。

書き下し文

◆**文章Ⅰ**

是《こ》の時《とき》、少府《せうふ》の五鹿充宗《ごろくじゆうそう》貴幸《きかう》せらる。梁丘易《りやうきうえき》を為《をさ》め、宣帝《せんてい》の時《とき》より梁丘《りやうきう》氏《し》の説《せつ》を善《よ》くす。元帝之《げんていこれ》を好《この》み、其《そ》の異同《いどう》を考《かう》せんと欲《ほつ》し、充宗《じゆうそう》をして諸易家《しよえきか》と論《ろん》ぜしむ。充宗《じゆうそう》貴《き》に乗《じよう》じ弁口《べんこう》なれば、諸儒《しよじゆ》能《よ》く与《とも》に抗《かう》するもの莫《な》し。皆疾《みなしつ》と称《しよう》して敢《あ》へて会《くわい》せず。雲《うん》を薦《すす》むる者有《ものあ》り、召《め》して入《い》らしむ。齎《し》を摂《と》りて堂《だう》に登《のぼ》り、首《かうべ》を抗《あ》げて請《こ》ひ、音左右《おとさいう》を動《うご》かす。既《すで》に論難《ろんなん》し、連《しき》りに五鹿君《ごろくくん》を拄《そし》る。故《ゆゑ》に諸儒之《しよじゆこれ》が語《ご》を為《つく》りて曰《い》はく、「五鹿《ごろく》岳岳《がくがく》たるも、朱雲其《しゆうんそ》の角《つの》を折《を》る」と。是《これ》に由《よ》りて博士《はくし》と為《な》る。

◆**文章Ⅱ**

嘗《かつ》て陳梁《ちんりやう》に於《お》いて間行《かんかう》するに、雨《あめ》に遇《あ》ひ、巾一角墊《きんいつかくくだ》る。時人乃《じじんすなは》ち故《ことさら》に巾《きん》の一角《いつかく》を折《を》りて、以《もつ》て林宗巾《りんそうきん》と為《な》す。其《そ》の慕《した》はること皆此《みなか》くのごとし。

通釈

◆**文章Ⅰ**

当時、少府の五鹿充宗は皇帝から寵愛されていた。（彼は）梁丘氏の易学を修め、（前代の）宣帝の時代から梁丘氏の易学説に精通していた。元帝はこの学説を気に入り、ほかの学説との異同を比較評価したいと考え、充宗に他学派の易学者たちと論争させてみた。充宗は皇帝の寵愛をかさに着ており、また口達者でもあったから、儒者たちは誰も彼に抗弁できなかった。（そのため、）みな仮病を使って（充宗に）会おうとはしなかった。（そうした中、）朱雲を推薦した者がおり、（元帝は朱雲を）召喚して入朝させた。（朱雲は）裾を整えて堂に登り、顔を挙げて告げ、声は周囲を震わせた。（朱雲は充宗の学説を）批判し、繰り返し五鹿君を言い負かした。そこで、儒者たちは彼のために「五鹿（の角）は高くそびえていたが、朱雲がその角をへし折った」という言葉を作った。このことをきっかけに（朱雲は）博士となった。

◆**文章Ⅱ**

（郭林宗《かくりんそう》が）以前、陳梁をお忍びで回っていたところ、雨に降られて、頭巾の一角が濡れて折れてしまった。当時の人々はそこでわざと頭巾の一角を折り、（郭林宗にちなんで）林宗巾と呼んだ。彼はいつもこのように人々から慕われていた。

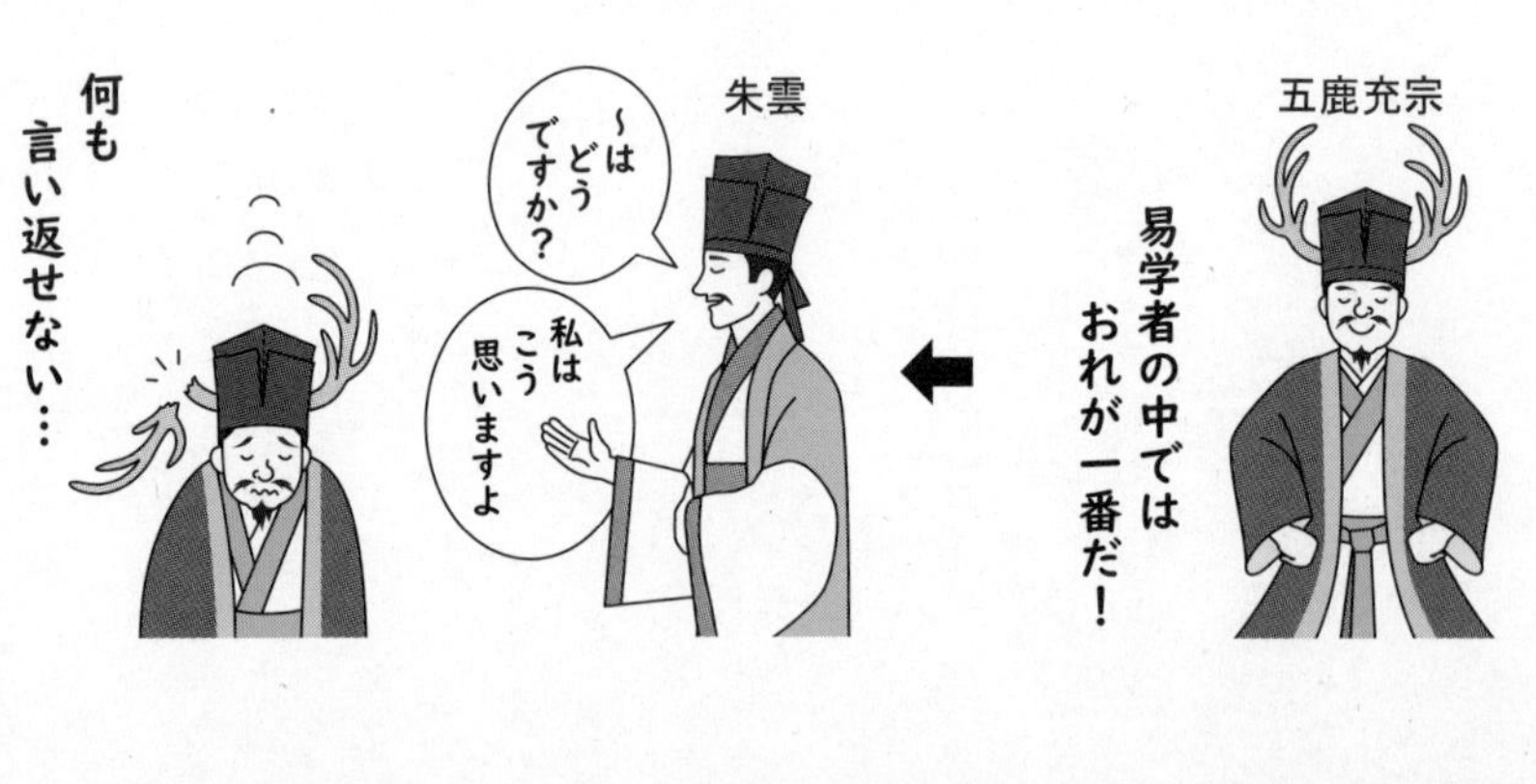
五鹿充宗
易学者の中ではおれが一番だ！
朱雲
～はどうですか？
私はこう思いますよ
何も言い返せない…

解説

問1

1 正解は ①

2 正解は ⑤

問 波線部(1)「善」・(2)「故」の本文中における意味として最も適当なものを、次の各群の①～⑤のうちから、それぞれ一つずつ選べ。

(1)「善」

「**善**」の読みは「**よクス**」。これは、副詞「善く」に「す」を添えて他動詞として読んだものである。「善く」の訳は、「たくみに／てあつく／しばしば」であり、「梁丘氏の易学を、たくみにする／てあつくする／しばしばする」のいずれかで解釈する。

前後の文脈を確認すると、五鹿充宗は、元帝から寵愛されており、宣帝の治世以来、梁丘氏の易学を「善くす」、そして元帝はこれを好み、その異同を比較評価するためにほかの易学派と論争させたという。

選択肢のうち、「善くす」の訳と合うものは、①「精通していた」、②「しばしば説いた」、④「たびたび学んだ」の三つであり、このうち文脈と最も合う①が正解である。五鹿充宗が梁丘氏の易学に精通しているからこそ、ほかの易学派と論争させるのであって、「しばしば説いた」「たびたび学んだ」程度では論争させられないからだ（自分の学説に精通していなければ論争にならない）。

(2)「故」

「**故**」には、①故《ゆゑ》（理由／道理）、②故《こと》（出来事／わざわい）、③故《ふる》し・故《いにしへ》（昔のこと／しきたり）、④故《ゆゑ》に（だから）、⑤故《ことさら》に（わざと）、⑥故《もと》（以前に）・故《もと》より（もともと／以前から）といった意味がある。

前後の文脈を確認すると、郭泰《かくたい》（＝郭林宗）の頭巾の角が雨に濡れて折れた、当時の人々はそこで「故」頭巾の角を折って「林宗巾」と呼んだ（つまり郭泰のまねをした）、このように郭泰は人々に慕われていたという。

選択肢のうち上記の意味に合うものは、③「もともと」、⑤「わざと」の二つであり、このうち文脈に最も合う⑤が正解である。当時の人々が「もともと」頭巾の角を折っていたら、この頭巾の被り方を郭泰にちなんで「林宗巾」とは呼ばないだろうし、郭泰が慕われていた証拠にもならないからだ。みな郭泰を慕っていたから、彼のまねをして「**わざと**」頭巾の角を折った、と解釈するのがよい。

◎「故」まとめ

用法	意味
故《ゆゑ》	理由／道理
故《こと》	出来事／わざわい
故《ふる》し **故《いにしへ》**	昔のこと／しきたり
故《ゆゑ》に	だから
故《ことさら》に	わざと
故《もと》	以前に
故《もと》より	もともと／以前から

問2

3 正解は③

4 正解は②

> 問
> 二重傍線部(ア)「疾」・(イ)「連」と同じ意味の「疾」「連」を含む語として最も適当なものを、次の各群の①～⑤のうちから、それぞれ一つずつ選べ。

▼熟語の問題には、大きく分けて次の二つのパターンが存在する。

①「傍線部『○』の意味として最も適当なものを……」などとたずねるもの

②「波線部『●』と同じ意味の『●』を含む語として最も適当なものを……」などとたずねるもの

どちらのパターンかによって解法は異なってくる。今回は②の問題である。この場合、**選択肢の熟語を分解して**意味を考える。

(ア)「疾」

「**疾**」には、①疾《やまひ》（病気／欠点）、②疾《や》む（病気になる／憂える）、③疾《はや》し（はやい／はげしい）、④疾《にく》む（憎悪する／嫉妬する）といった意味がある。傍線部には、五鹿充宗に敵わない儒者が「みな『疾』と称して会おうとはしなかった」とあるので、①疾《やまひ》（病気／欠点）が最も適当な解釈である。

◎「疾」まとめ

用法	意味
疾《やまひ》	病気／欠点
疾《や》む	病気になる／憂える
疾《はや》し	はやい／はげしい
疾《にく》む	憎悪する／嫉妬する

選択肢を見ると、

①「疾悪」は④の「疾《にく》む」と「悪《にく》む（憎悪の「悪」）」で同義語の組合せ

②「疾徐」は③の「疾《はや》し」と「徐《おもむろ》に（徐行・徐々の「徐」）」で対義語の組合せ

③「風疾」は「風（風邪の「風」で、病気を意味する）」と①の「疾《やまい》」で同義語の組合せ

④「疾行」は③の「疾《はや》し」と「行く」で副詞＋動詞の組合せ

⑤「迅疾」は「迅《はや》し（迅速の「迅」）」と③の「疾《はや》し」で同義語の組合せ

正解は「疾《やまい》」を含む③。

見慣れない熟語の場合、熟語の組合せ方（下表を参照）を意識するとよい。

(イ)「連」

「**連**」には、①連《つら》なる（つながる／つづく）、②連《つら》ぬ（つらねる／つづける／つなぐ）、③連《つ》る（つれる／ひきつれる）、④連《しき》りに（つづけて）といった意味がある。二重傍線部は「連《しき》りに」と読まれているので、④の「連」を含む熟語を探す。

①「一連」は「ひとつづき」、②「連戦」は「つづけて戦う」、③「連環」は「たくさんの輪をつないだもの」、④「連想」は「ある事柄に関連して考え起こす」、⑤「関連」は「関わり合いがある」である。したがって正解は②。「つづけてAする」を意味する「連」を含む熟語は「連戦」しかない。

◎熟語の組合せ方と例

種類	熟語の例
同義語	善良、良好
対義語	善悪、美醜
副詞＋用言	徐行、甚大
形容詞＋体言	美辞麗句、美貌
他動詞＋目的語	読書、勧善懲悪

◎「連」まとめ

用法	意味
連《つら》なる	つながる／つづく
連《つら》ぬ	つらねる／つづける／つなぐ
連《つ》る	つれる／ひきつれる
連《しき》りに	つづけて

問3

5 正解は⑤

6 正解は③

問 傍線部Ⅰ「為梁丘易」・Ⅱ「為之語曰」の書き下し文として最も適当なものを、次の各群の①～⑤のうちから、それぞれ一つずつ選べ。

▼「**為**」には、①と為《な》る（になる）、②と為《な》す（と見なす／にする）、③を為《な》す（をおこなう）、④為《た》り（である）、⑤を為《つく》る（を作る／造る）、⑥を為《をさ》む（を統治する／治療する／修める）、⑦の（が）為《ため》に、⑧為《る》・為《ら》る、といった意味があり、受験漢文では頻出である。**問3**は、この「為」の使い分けをたずねた。

Ⅰ「為梁丘易」

傍線部Ⅰの「**為**」は、「梁丘易」（＝梁丘氏の易学）を目的語にしているので、「**為《をさ》む**」（＝修める）と解釈するのがよい。正解は⑤。「をさむ」には「治」「修」「収」「納」などさまざまな字があり、意味に応じて使い分けるが、「為む」の場合、「治」も「修」も意味するので注意。なお「をさむ」と訓読みする字を漢和辞典で調べると、二〇字以上並んでいる。

◎「為」まとめ

用法	意味
為《なル》レ…ト	…になる
為《なス》レ…ト	…と見なす／…にする
為《なス》レ…ヲ	…をおこなう
為《たリ》レ…	である
為《つくル》レ…ヲ	…を作る／造る
為《をさム》レ…ヲ	…を統治する／治療する／修める
為《ために》レ…ノ（ガ）	…のために
為《る》レ…　為《らル》レ…	…られる

II「為之語曰」

まず「之」に着目するとよい。文脈上、「之」を「之《ゆ》く」と読む必然性はないので、「之」を「之《ゆ》く」と読んでいる①と④を消去。

次に文構造に着目。**漢文は英語と同じＳＶＯ型の文構造**を取る。「之語」をＯＶの構造ととらえて「之を語る」と読むのは不自然なので、⑤も消去。正解は②か③の二択になる。あとは訳してみて自然な方を選べばよい。

③「之が語を為りて曰はく」の直訳は「彼の言葉を作って言う」。「之が語」とは朱雲を褒めたたえるためのフレーズ（宣伝文句のようなもの）を指し、直後の「　」の内容とよく合っている。正解は③。

なお、②「之を為して語に曰はく」の直訳は「それをして言葉に言う」で、**「語に曰はく」は通常「ことわざに言う」と訳す**ので、文脈に合わない。

問４ [7] 正解は④

> 問
> 傍線部Ａ「令充宗与諸易家論」の返り点の付け方と書き下し文との組合せとして最も適当なものを、次の①～⑤のうちから一つ選べ。

ポイントは「令」「与」「諸」。

為之語曰

◎**「之《ゆ》く」**

「之」を「之《ゆ》く」と読むときは、「之＋場所（地名）」など、明確に「之く」と読むべき形になっている。そうでなければ、当時の読者（中国語ネイティブ）すら混乱しただろう。

◎**ＳＶＯ型構造と「之《これ》」**

「之《これ》」は頻繁に他動詞の目的語になる指示語で、その性質を活かまず、使役の「令」。英語の使役表現「make+人+原形」とよく似ており、「令+人+用言」の形を取り、「人をして用言せしむ」と読む。人に、「ヲシテ」という、現代語では見慣れない送り仮名を付すのが特徴。この「令」の句形を踏まえると、「充宗をして~しむ」と訓読する点は決まり。ただ全選択肢がそう訓読しているので、正解は「与」と「諸」をどう訓読するかにかかっている。

次に「与」。過去問では、「与レＡＶ」の形を取り、「ＡとＶす／Ａと与《とも》にＶす」と読む用法ばかりが正解になっているので、とりあえず「与諸易家論」を「諸《しょ》易家と論ぜしむ」と読む④に着目。

最後に、「諸」には、①諸《もろもろ》（いろいろ／多く）、②諸《これ》（これ）、③諸《これ》（これを―に…す ※「之於」の❶合字《ごうじ》）といった意味があるが、「充宗にいろいろな易学者と議論させた」と訳せる④が最も自然である。①は「充宗にそれを易学者に与えさせて……」、②は「充宗をいろいろな易学者に味方させて……」、③は「充宗にそれを易学者と関係させて……」となって、いずれも不自然。⑤は「与」を「より」と読んでいるが、比較の句形ではないので不適。

以上を踏まえ、正解は④。

して、ある字が他動詞であることを示すためだけに添えたりする。例えば、「道」が他動詞だと示すためだけに「道之」と書いたりする。この場合、「之《これ》を道《みちび》く」と訓読はするものの、「之」は何も指示していない。

❶**合字**――二字の漢字を一字で表記した字。①木＋工→杢、麻＋呂→麿のように、字形をそのまま合わせたもの、②之《し》＋於《お》→諸《しょ》、何《か》＋不《ふ》→盍《かふ》のように、字音をもとに音の近い字をあてたものがある。受験漢文では「諸＝之於」「盍＝何不」が必須。

問５ 8 正解は④

> 問 傍線部Ｂ「其見慕皆如此」の書き下し文とその解釈との組合せとして最も適当なものを、次の①～⑤のうちから一つ選べ。

ポイントは「見」と「如此」。

まず、「**見**」。「見」には、①見る（会う／みる／みとめる）、②見《まみ》ゆ（お目どおりする）、③見《あら》はす・見《あら》はる（「現」に同じ）、④見《る》・見《ら》る（受身）といった意味があるが、「見＋他動詞」の形の場合は④の受身である。したがって「見＋慕ふ」の読みは「慕はる」。この段階で③か④に絞ることができる。

次に「**如此**」は「かクノごとシ」と訓読する。ほか「**若此・如是・若是・如斯・若斯**」なども同じ。英語の so や like that にあたる。傍線部のように「用言＋如此」の句形になっている場合、「用言すること此くのごとし」と訓読し、「このように用言する」のように訳す。例えば、「求ㇾ剣若ㇾ此」は「剣を求むること此くのごとし」と読み、「このように剣を求める」と訳す。

同じように、傍線部も、「如此」の上部が受身形ではあるものの、「慕ふ」という用言になっているので、「其の慕はるること皆此くのごとし」と読み、「みな、このように慕われた」と訳す。「**皆**」は「**すべて／ことごとく**」と訳す**副詞**で、「みんな／全部の人」と訳す名詞（英語の everyone）ではない。したがって傍線部の「皆」は「（彼が何をするにせよ）いつも（＝毎度／ことごとく）、このように慕われたものだった」などと解釈することになる。

正解は④。「見レ慕如レ此」はあくまで「このように慕われる」あるいは「慕われるさまはこのようだった」と訳す表現であり、③のように「慕われたので、このようだ」のような解釈はしない。

問６

9 正解は⑤

10 正解は①

11 正解は④

問 次に掲げるのは、授業の中で**【文章Ⅰ】**と**【文章Ⅱ】**について話し合った生徒の会話である。これを読んで、後の(i)～(iii)の問いに答えよ。

▼生徒の言語活動の場面（会話や作成資料）を題材とする問題。複数の課題文に加え、生徒の会話も理解して問題を解く。

問 (i) X に入る最も適当なものを、次の①〜⑤のうちから一つ選べ。

成語「折角」の意味をたずねるもの。「折角」は、①骨を折る／力を尽くす、②わざわざ、などと訳し、おおむね「折角勉強したのに、復習しないのはもったいない」といった使い方をする。

正解は⑤「労を惜しまない」。④「無駄なことをする」はひっかけ。確かに無駄になることは多いが、「折角」自体は「**力を尽くして／骨を折って**」という意味である。

なお①「厳しく責める」は、同じ朱雲にまつわる成語「❷**折檻**《せっかん》」の意味。

問 (ii) Y に入る最も適当なものを、次の①〜⑤のうちから一つ選べ。

まず会話の流れを整理する。

生徒Bが「（成語の『折角』を）今は X という意味で使っているよね」と述べ、それを受けて生徒Cが「でも、**【文章Ⅰ】**では Y という意味で使われているよね」と述べる。つまり同じ「折角」という言葉が、**【文章Ⅰ】**では、

❷**折檻**——前漢の皇帝を強く諫めた朱雲がその怒りを受け、殿上から引き下ろされそうになったとき、朱雲がしがみついた檻《てすり》が折れたという故事。皇帝はその後も折れた檻を直さず、朱雲の諫言の記念とした。（『漢書』朱雲伝より）

この「厳しく責める」という意味から転じて、「叱って体罰を加える」という意味でも使われる。

今とは異なる意味で使われている、というわけである。

【文章Ⅰ】の内容を整理しよう。

❶皇帝のお気に入りの五鹿充宗は口達者なこともあって、儒者は誰も彼に抗弁できなかった

❷朱雲はそんな充宗を論難し、何度も言い負かした

❸（充宗に抗弁できず悔しがっていた）儒者たちは大喜びし、彼をたたえる文句を作り、「五鹿（の角）は高くそびえるも、朱雲がその角をへし折った」と言い合った

つまり、この「折角」は、**高慢な人間の鼻をへし折る**、といった意味で使われている。正解は①「高慢な態度をくじく」。

問 (iii) Z に入る最も適当なものを、次の①～⑤のうちから一つ選べ。

まず会話の流れを整理する。

生徒Cが「でも、【文章Ⅰ】では Y という意味で使われているよね」と述べ、それを受けて生徒Bが「うん。【文章Ⅱ】も、『折角』のもとになった故事だそうだけど、こちらは、 Z といえると思う」と述べ、さらに生徒Aが「結局、【文章Ⅰ】よりも【文章Ⅱ】の方が、今の『折角』に近いわけか」と言う。つまり【文章Ⅱ】を、(i)の答えである「労を惜しまない」に近い形で解釈している選択肢が正解になる。

したがって、「折角」を「**骨を折ってわざわざすること**」と解釈する④が正解。

なお、①・②は「雨の日に郭泰はあえて頭巾の角を折った」の段階で、すでに不適。雨の日にあえて頭巾の角を折る理由がわからない。雨に濡れて自然に折れたと考えるのがよい。もちろん「折角」を、①「入念に着飾ること」、②「影響力のある人物」と解釈する点も、今の「折角」の意味に少しも近くないので不適。

③・⑤は、冒頭の「郭泰の頭巾の角がたまたま雨で折れた」については問題ない。その続きに着目する。

③は「折角」を「流行が広がること」と解釈するが、生徒Bが挙げた例文「折

郭泰（郭林宗）

角作ったのに、食べられなかった」の「折角」を「流行が広がること」とは解釈できないので、この解釈が「今の『折角』に近い」わけがない。よって不適。

⑤の「無駄な行為をすること」という「折角」の解釈は、生徒Bの例文にある「折角」と合うが、選択肢半ばの「似合いもしないのに」が本文からは読み取れない（似合うか似合わないかは不明）。よって不適。

重要単語リスト

□ 幸	【こうス】	動	寵愛する。
□ 自	【より】	前置	～から。
□ 善	【よクス】	動	～を得意とする。～に精通する。
□ 欲	【ほっス】	動	～しようとする。～したいと思う。～するだろう。
□ 与	【と】	前置	～と。
□ 莫	【なシ】	形容	ない。
□ 能	【よク】	副	できる。
□ 与	【ともニ】	副	（～と）ともに。（～と）一緒に。
□ 称	【しょうス】	動	言う。となえる。名乗る。偽って言う。褒める。

□ 由是	【これニよリテ】	副	そうしたわけで。このことによって。
□ 為	【なル】	動	～になる。
□ 於	【おイテ】	前置	～で。

知識の総整理

◆使役の句形

① 令ム二AヲシテBセ一
- 読 AヲシテBセしム
- 訳 AにBさせる

② 令ムレBセ
- 読 Bセしム
- 訳 Bさせる

▼「令」のほか「**使・遣・教**」も同じ。

▼②は①「令二AB一」の「Aをして」が省略された形。
「使・令」の真下が用言、例えば「子路使問之」や「使問之子路」を「子路をして之を問はしむ」とは読まない。「使・令」の直後に用言がある場合は、「をして」はないと考えよう。

◆同字異訓「与」の用法

① Aト与レB
- 読 AトBと
- 訳 AとBと（**並列**）

【例】堯乃賜二舜絺衣与レ琴。
読 堯《げう》乃《すなは》ち舜《しゆん》に絺衣《ちい》と琴《きん》とを賜《たま》ふ。
訳 そこで堯は舜に上等な葛布の服と琴とを与えた。
※「絺衣と琴を」ではなく「絺衣と琴と」が正しい。

② 与レAVス
- 読 AとVス
- 訳 AとVする（**従属**）

※「Aと与《とも》にVす」と訓読することもある。また「倶（共・同・偕）」を伴って「与レA倶V」の形になることもある。

③ 与ニV〔ス〕
- 読 ともニV〔ス〕
- 訳 一緒にV〔する〕

※「与レAV」の「A」が省略された形。

④ ……与
- 読 ……や・か
- 訳 ……か（**疑問・反語**）

※「**乎・哉・邪・耶・歟・也**」も同じ。

⑤ ……与

読 ……かな

訳 ……だなあ（**詠嘆**）

※「**乎・哉・夫・矣**」も同じ。

⑥ 与リ〔ハ〕二其ノＡ一セン

読 そノＡセンよリ〔ハ〕

訳 Ａするよりは（**比較・選択**）

※「Ｂに孰若《いづ》れぞ」「Ｂに如《し》かず」「寧《むし》ろＢせん（せよ）」などを伴い、「ＢするくらいならＡしたほうがよい」と訳す。

⑦ 与フ

読 あたフ

訳 与える（**動詞**）

⑧ 与ス

読 くみス

訳 仲間になる／徒党を組む／味方する／支持する／賛成する／かかわる（**動詞**）

⑨ 与ル

読 あづかル

訳 関与する／関係する／かかわる（**動詞**）

◆受身「見」

① 見ルレＡセ

読 Ａセらル

訳 Ａされる

② 見ルレＡセ二於Ｂ一ニ

読 ＢニＡセらル

訳 ＢにＡされる

▼「見」のほかに、「**被・為・所**」も「る・らル」と読み、受身形で使われる。

▼「る・らル」の使い分けは「**ア段の未然形＋る**」「**ア段以外の未然形＋らル**」。

解答解説 第3回

解説動画

出演：寺師貴憲先生

設問	解答番号	正解	配点	自己採点①	自己採点②
問1	1	③	3		
	2	②	3		
問2	3	④	5		
問3	4	④	5		
問4	5	④	6		
	6	②	6		
問5	7	①	7		
問6	8	②	7		
問7	9	②	8		
合計（50点満点）					

第3回 ……………… 儒法

出典

◆**文章Ⅰ 『史記《しき》』 巻八十七 李斯列伝 第二十七**

『史記』は中国初の通史。正史《せいし》の筆頭。有史以来、前漢《ぜんかん》の武帝《ぶてい》までの歴史を❶紀伝体《きでんたい》で記述したもの。編者の司馬遷《しばせん》（前一四五頃～前八六頃）は前漢の人。周《しゅう》王朝の史官の家柄出身という。正史とは、各王朝の歴史として公的に認められた歴史書で、現在二十四もしくは二十五あり、筆頭の『史記』にのっとってすべて紀伝体で書かれている。なお初期の『史記』や『漢書《かんじょ》』は、歴史家の司馬遷・班固《はんこ》が自分の史観にもとづき著述した歴史書を、のち公認したもの。唐《とう》以降の正史は国家事業として編纂されたものである。

◆**文章Ⅱ 『梁谿漫志《りょうけいまんし》』 巻五 温公論商鞅**

編著者の費袞《ひこん》（生没年不詳）は南宋《なんそう》の人。正史『宋史《そうし》』に伝がなく、詳細不明。『梁谿漫志』は、志を得ず、不遇の人生を過ごした費袞が、ありあまる時間に書き連ねたものをまとめた書。内容は宋代の逸話や詩文、評論など。第三巻終盤から第四巻はすべて蘇軾《そしょく》の話。

---

❶**紀伝体**——帝王およびそれに準ずる人物の年代記である「**紀**《き》（**本紀**《ほんぎ》）」と高名な人物の伝記である「**伝**《でん》（**列伝**《れつでん》）」により構成された歴史叙述形式のこと。

また、できごとを時代順に記述する形式を**編年体**《へんねんたい》という。魯《ろ》国の歴史記録をもとに孔子《こうし》が制作したとされる『**春秋**《しゅんじゅう》』や、北宋《ほくそう》の司馬《しば》光《こう》の『**資治通鑑**《しじつがん》』がその代表とされる。

書き下し文

◆文章Ⅰ

孝公商鞅《かうこうしやうあう》の法《はふ》を用《もち》ひ、風《ふう》を移《うつ》し俗《ぞく》を易《か》へ、民《たみ》は以《もつ》て殷盛《いんせい》にして、国《くに》は以《もつ》て富強《ふきやう》なり、百姓《ひやくせい》用《よう》を楽《たの》しみ、諸侯親服《しよこうしんぷく》し、楚魏《そぎ》の師《し》を獲《え》て、地《ち》を挙《あ》ぐること千里《せんり》、今《いま》に至《いた》るも治《ち》強《きやう》なり。

◆文章Ⅱ

温公論《をんこうろん》ず、魏《ぎ》の恵王一商鞅《けいわういちしやうあう》有《あ》るも用《もち》ふる能《あた》はず、還《かへ》りて国《くに》の害《がい》と為《な》り、地《ち》を喪《うしな》ふこと七百里《ななひやくり》、身《み》を大梁《たいりやう》に竄《のが》さしむと。予《よ》窃《ひそ》かに謂《おも》へらく、商鞅刻薄《しやうあうこくはく》の術《じゆつ》始《はじ》め能《よ》く秦《しん》を帝《てい》たらしむるも、卒《つひ》に能《よ》く秦《しん》を亡《ほろ》ぼす。使《も》し之《これ》を魏《ぎ》に用《もち》ふれば、其《そ》の術《じゆつ》は猶《な》ほ是《か》くのごとくならん。孟子千里《まうしせんり》を遠《とほ》しとせずして来《きた》るも、恵王《けいわう》猶《な》ほ其《そ》の言《げん》を聴《き》く能《あた》はず、其《そ》の庸妄《ようまう》知《し》るべし。温公恵王《をんこうけいわう》の以《もつ》て孟子仁義《まうしじんぎ》の言《げん》を聴《き》かざるを責《せ》めず、而《しか》るに乃《すなは》ち其《そ》の商《しやう》鞅功利《あうこうり》の説《せつ》を用《もち》ひざるを責《せ》むるは、何《なん》ぞや。公此《こうこ》に於《お》いて必《かなら》ず深意《しんい》有《あ》らん。特《た》だ予《よ》未《いま》だ之《これ》を暁《さと》らざるのみ。

通釈

◆文章Ⅰ

秦の孝公は商鞅の法を採用し、（秦の）風俗を改め、民は栄えて国は豊かで強く、

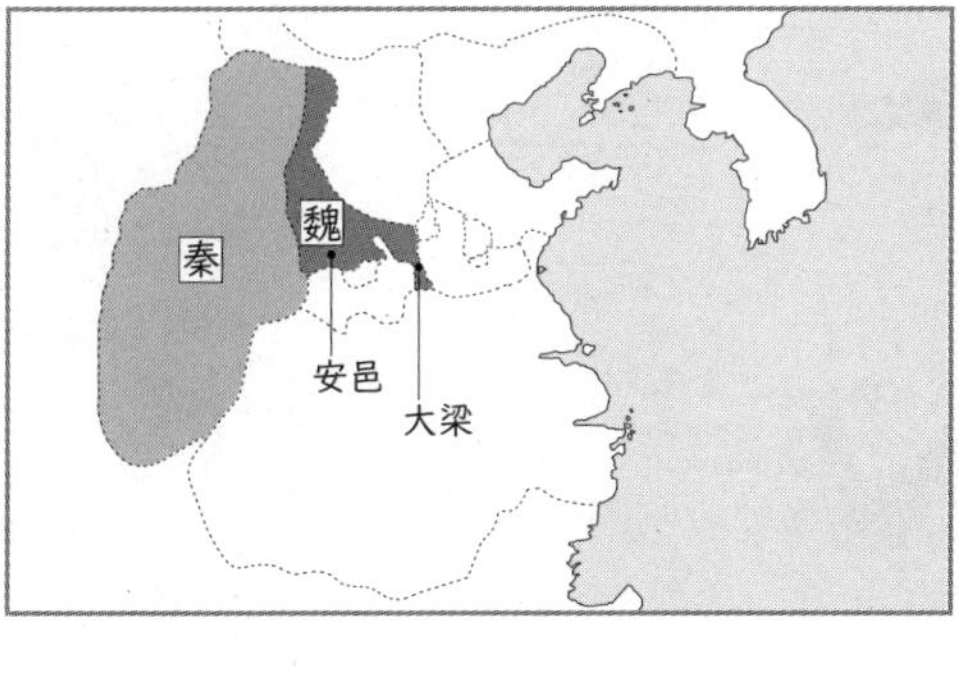

◎戦国時代の秦と魏

人民は仕事に喜んで励み、諸侯は親服し、楚・魏の軍を手中に収めて、土地を千里も取り上げ、今に至るまで国は治まり強さを維持している。

◆文章Ⅱ

温公は、魏の恵王のもとにひとり商鞅がいたのに（恵王がこの人材を）活用できず、かえって（商鞅によって）国は損害を受け、七百里もの土地を失って、自分自身が大梁に避難するはめになったと論じた。私の考えでは、商鞅の刻薄な法術ははじめは秦（の天下統一）を（助けて）帝国に育て上げたが、結局、秦を滅亡させることになった。もし彼を魏で活用できたとしても、その（商鞅の）法術はやはり（魏に）同じ結果をもたらすであろう。孟子は千里を遠しとせずに（魏に）やって来たが、恵王はやはりその言葉に耳を傾けることができなかった。（それだけでも）恵王の愚劣さはわかるだろう。温公は、恵王が孟子の説く仁義の言説を聞き入れなかったことを責めず、意外にも商鞅の説く功利の言説を聞き入れなかったことを責めたのは、どうしてだろうか。温公はそこに深遠な意図を秘めているのだろう。ただ私がそれを理解できないだけである。

法術あるのみ！　政治の目的は富国強兵に尽きる。信賞必罰を駆使して民を農耕と戦争のみに駆り立てるのだ！
商鞅

仁義あるのみ！　なぜ利を口にするのか。政治とは、民とともに楽しみ、民とともに憂う、これに尽きるのだ！
孟子

解説

問１

1 正解は③

2 正解は②

問 波線部⑴「窃謂」・⑵「何耶」の読み方として最も適当なものを、次の各群の①～⑤のうちから、それぞれ一つずつ選べ。

⑴「窃謂」

「**窃謂**」の読みは「**ひそカニおもへラク**」。③が正解。訳は「心ひそかに思うに」など。「**窃**」は「窃笑《せっしょう》」という熟語に見られるように、「**ひそかに／こっそりと**」という意味がある。なお「謂」は「謂《い》ふ」のほか「謂《おも》ふ」とも読む。

⑵「何耶」

「**何耶**」の読みは「**なんゾや**」。②が正解。訳は「どうしてか／どういうことか」など。ほか「何也」「何哉」も同じ。「なんゾ」（**何・胡**）と「や」（**也・哉・乎・耶・与**）が組み合わさった場合は「なんゾや」である。

問２　3　正解は④

問　傍線部Ａ「国以富強、百姓楽用」の書き下し文とその解釈との組合せとして最も適当なものを、次の①～⑤のうちから一つ選べ。

まず対句を踏まえる。傍線部直前の句と傍線部前半の句が**対句**になっている点に着目する。

民以殷盛（民は以て殷盛にして）
国以富強（国は以て富強なり）

上の句が「民は以て殷盛にして」と読まれているので、これを踏まえて下の句を「国は以て富強なり」と読む。この段階で正解は④。

なお「**百姓**」は基本単語の一つであり、「**ひゃくせい**」と読んで「人民／万民／民衆／庶民」を意味する。「農民」に限定して使わない。この点に着目すれば、「農民」と解釈している①・③を消去できる。

問3　4　正解は④

> 問　傍線部Ｂ「使㆘還為㆓国害㆒、喪㆑地七百里、竄㆗身大梁㆖」の解釈として最も適当なものを、次の①〜⑤のうちから一つ選べ。

ポイントは「**使**」。

「使」は使役の表現である。英語の使役表現「make＋人＋原形」と似ており、「使＋人＋用言」の形を取り、「人をして用言せしむ」と読む。

直訳は「人に用言させる」だが、直訳が難しい場合がある。例えば、「商鞅使㆓秦帝㆒」（＝商鞅 秦をして帝たらしむ）を、「商鞅が秦を帝国であらさせた」と直訳すると日本語として不自然になる。この場合、いったん「使（しム）」を無視し、人を主語、用言を述語として解釈するとよい。つまり「秦」を主語、「帝たり」を述語と見なし、「秦 帝たり（秦は帝国である）」と解釈してしまうのだ。「使（しム）」は、英訳すれば「make」なので、この場合、「引き起こす／もたらす／原因となる」などととらえる。そうすれば、「商鞅が『秦は帝国である』をもたらした」「商鞅が『秦は帝国である』の原因となった」、言い換えると、「商鞅が秦を帝国に育て上げた」「商鞅のおかげで秦は帝国となった」と意訳できるだろう。

整理すると、以下のとおり。

直訳 **商鞅が秦を帝国であらさせた。** ↑直訳では訳が不自然

↓

意訳 **商鞅が秦は帝国であるをもたらした。**

※「使」を無視して「秦 帝たり」と読み、「秦は帝国である」と解釈

※「商鞅」が「秦 帝たり」という状況をもたらした、ととらえる

↓

意訳 **商鞅のおかげで秦は帝国となった。**

※文意・文脈を考えて適切な日本語に言い換える

傍線部も同様に、直訳すると日本語として不自然になるので、いったん「使」を無視し、次のように意訳するとよい。

直訳 **恵王が商鞅を登用できず、**

（そのことが）……（恵王の）身を大梁に逃《のが》させた。

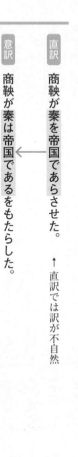

意訳

（そのことが）……（恵王が）身を大梁に逃すをもたらした。

※「使」を無視して「身を大梁に竄《のが》す」と読み、「（恵王が）身を大梁に逃す」と解釈

※「商鞅を登用できなかったこと」が「身を大梁に竄す」をもたらした、ととらえる

意訳

商鞅を登用できなかったせいで、（恵王は）身を大梁に逃すことになった。

※文意・文脈を考えて適切な日本語に言い換える

したがって正解は④。「（商鞅を登用できなかったせいで、恵王は）……自分の身を大梁に逃すことになった」の部分に着目すれば、以下の四つはいずれも不適だとわかる。

①「恵王は商鞅の身を大梁に移すことになった」（商鞅の身ではない。注４にあるように、安邑は商鞅率いる秦軍に落とされた）

②「恵王は商鞅によって大梁に追いつめられた」（文脈には合うが、傍線部の直訳から遠すぎる）

③「商鞅の身を大梁に逃れさせることになった」（商鞅の身ではない）

⑤「恵王は首都を安邑から大梁に移させることになった」（移したのは「都」ではなく「身」）

問４

[5] 正解は④

[6] 正解は②

> 問　傍線部C「其術猶是也」・E「特予未之暁爾」の返り点の付け方と書き下し文との組合せとして最も適当なものを、次の各群の①～⑤のうちから、それぞれ一つずつ選べ。

C「其術猶是也」

ポイントは「其」「猶」「是」である。

まず**再読文字**「**猶**」。「猶」は比況の句形で、「猶《な》ほ～ごとし」と読み、「まるで～と同じようなものだ」などと訳す。「如《ごと》し」や「若《ごと》し」とほぼ同じ意味である。

「**猶是**」は、「如ㇾ是」（＝是《か》くのごとし）に類する表現で、「猶ほ是くのごとし」と読む。したがって正解は④。訳は「商鞅の術はやはりそれ（＝秦の滅亡を招いた刻薄の術）と同じだったであろう」。商鞅の「刻薄の術／功利の説」が秦を帝国に育て上げた一方、その秦の滅亡の原因にもなったように、魏が商鞅の術を採用したところで、一時は強国になれたとしても、やがてその商鞅の術のせいで滅びることになっただろうと筆者は指摘する。

「**其**」は「其＋体言」の場合、とりあえず「其《そ》の」と読んでおく。「其れ」は「そもそも」「あるいは」「もし」などと訳し、ほか「其れ…せんや」（反語）、「其れ…するか」（疑問）、「其れ…せよ」（請願・希望）といった用法ももつ。ひっかけとしては厄介で、「其れ術猶ほ……」と読めなくもない。しかし、そのように読む理由もないので、とりあえず「其の」と読む。共通テスト対策としては「其れ……乎（哉・也など）」で反語・疑問を表現する用法に注意。それ以外は「其の」が正解だろう。

E「特予未之暁爾」

ポイントは「特」「予」「未」「之」「爾」、そして**倒置**である。

まず**限定の助詞**「**特**」。読み方は「**たダ**」。また「**爾**」も**限定の終助詞**で、読み方は「**のみ**」。この段階で「特だに」と読む③・⑤は不適。「たダニ」は、累加形「不特」（＝特だに……のみならず）の場合の読みである。「未特」なら「未だ特だに……のみならず」と読めるが、傍線部の「特未」の語順では、そのようには読めない。

「**予**」は「余」と同じく**一人称の代名詞**で、読み方は「**よ**」。この段階で「予《あらかじ》め」と読む①・④を新たに消去。したがって正解は②。訳は「ただ私がそれ（＝温公の深意）を理解できないだけである」。

なお「**爾**」は「のみ」のほか、「爾《なんぢ》」「爾《しか》／爾《しか》り」など、多くの読みをもつが、**文末にある場合はおおむね「のみ」と読み**、**限定「だけだ」**、**断定「である」**などと**訳す**。あとは文脈や文構造で判断する。この点に着目しても、①「しかり」、④・⑤「なんぢ」を消去できる。

次に**倒置**。

倒置

A　否定語＋用言＋代名詞

未レ暁レ之　未だ之を暁《さと》らず

無レ若レ我　我に若くは無し

B　否定語＋代名詞＋用言（倒置）

未二之暁一　未だ之を暁らず

無二我若一　我に若くは無し

Ａのように、否定語＋用言＋代名詞の語順のとき、しばしば代名詞と用言が入れ替わり、Ｂの語順になる。

漢文は、通常、英語と同じＳＶＯ型の文構造を取るので、初見では戸惑うが、「未 之 暁」の読みは正しく「未だ之を暁らず」である。

この点で「之」を「之《ゆ》くを」「之《ゆ》かずして」と読む①・④も、「之《こ》れ」とだけ読む③・⑤も不適。**そもそも過去問では、「之」を「之《ゆ》く」「之《こ》れ」「之《こ》の」「之《ここ》に」と読む選択肢はどれもこれもひっかけだった。特に理由がなければ、これらを選ぶべきではない。**

問５　7　正解は ①

問　傍線部Ｄ「公於レ此必有二深意一」に込められた筆者の意図に関する説明として最も適当なものを、次の①～⑤のうちから一つ選べ。

傍線部の直訳は「公はそこに深い意図があるのだろう」。傍線部の前後も踏まえて解釈すると、次のとおり。

温公は魏の恵王が「孟子仁義の言」を聞き入れなかったことを責めず、「商鞅功利の説」を採用しなかったことを責めたが、なぜか。そこにはきっと深遠な意図が秘められているのだろうが、私にはわからない。

筆者は温公の誤りを批判しているのだが、それを「温公はわけのわからないことを言っている」と直截に表現せず、「自分には温公の深遠な意図を理解できない」と遠回しに表現した。

それでは、選択肢を吟味。まず「公」を「恵王」「孝公」と解釈する②・③・⑤を消去。傍線部の「公」は、前文を見ればわかるように、「温公」である。そもそも前書きの「**【文章Ⅱ】**は、商鞅に関する温公の論を費袞が批判したものである」を踏まえても、「公」が「温公」なのは明らかだ。

次に「必ず深意有らん」を「深遠な考えなどあるはずがない」と解釈する④、「深遠な考えなどあったはずがない」と解釈する⑤を消去（すでに「公」を根拠に消去済みだけど）。「必ず深意有らん」は反語表現ではなく、「きっと深意があったのだろう」と訳す推量表現である。**傍線部中に疑問詞もなく「未然形＋ん」で結ばれている場合は、反語の前に推量の可能性を考えること。**

したがって正解は①。「言葉に反して実際にはそのようなものはないと遠回しに非難する意図」とあって、本文の内容に合致する。

温公には深～い意図があったんだろうなぁ
本当はそんなのないだろうけど
費袞

問６　8　正解は②

問
【文章Ⅱ】の筆者（費袞）は温公（司馬光）の見解に異を唱えているが、その意見の要旨として最も適当なものを、次の①～⑤のうちから一つ選べ。

【文章Ⅱ】の筆者（費袞）の、温公に対する異論の要旨を答えるもの。
温公は、魏の恵王が商鞅を登用しなかったせいで大梁に逃げるはめになったと論じた。それに対して費袞は、

❶商鞅を登用した秦は、その術によって帝国になることはできたが、結局、その術のせいで滅びた。仮に魏の恵王が商鞅を登用したとしても同じ結果になっただけであろう
❷その後、恵王は孟子の言葉にも耳を傾けられなかった、その「庸妄」は明らかだ
❸温公は恵王が「孟子仁義の言」を聞き入れなかったことを責めず、「商鞅功利の説」を採用しなかったことを責めたが、それはなぜか、と批判する

要は、**商鞅の言葉よりも孟子の言葉を聞き入れなかったことを責めるべきだった**、と温公を批判しているのである。

それでは、選択肢を吟味。

①「恵王が商鞅を登用していれば、初めはうまくいったとしても、結局は秦を滅ぼす結果につながったので、恵王の判断は正しかった」が不適。費衰が問題視するのは、恵王が孟子の言葉を聞かなかったことである。そもそも恵王は「魏」の王であり、「秦を滅ぼす」では意味不明になる。「魏を滅ぼす」ならまだ意味は通るが。

②　正解。

③「温公は恵王が七百里もの土地を失って都を捨てたことを責めた」が不適。温公が責めたのは、恵王が商鞅を登用できなかったことである。

④「商鞅の教えは国を富強にするためには手段を選ばぬ冷酷無情なものであり、そのような教えに耳を傾ける必要はなかったと非難している」が不適。費衰が非難するのは、恵王が孟子の言葉を聞かなかったことである。

⑤「商鞅は……孟子のように仁義の教えを広めることはできない」が不適。そのような指摘は本文にない。

問７　9　正解は②

問
次に掲げるのは、授業の中で【文章Ⅰ】と【文章Ⅱ】について述べた生徒の意見である。この生徒の意見には誤っている部分がある。それはどこか。次の①～⑤のうちから一つ選べ。

▼生徒の言語活動の場面（会話や作成資料）を題材とするのは共通テストの特徴である。

今回は、【文章Ⅰ】と【文章Ⅱ】について述べた生徒の意見を読んで、発言の中の誤りを発見するものとした。【文章Ⅰ】【文章Ⅱ】と生徒の発言を読み比べ、一致していない部分を見つけ出す。

正解は②。生徒は「【文章Ⅰ】によれば、秦の孝公は商鞅を登用して魏から千里もの領土を奪い、それ以来、秦は強国でありつづけたそうです。【文章Ⅱ】によれば、それだけの優れた実績が商鞅にありながら、魏の恵王は彼を登用できませんでした」と発言する。

しかし注3によれば、商鞅は「はじめ魏に仕えたが、恵王に宰相として登用されず、隣国の秦に渡った」とある。これを踏まえて商鞅の状況を時系列順に整理すると、次のようになる。

商鞅の状況
❶ 魏の恵王に登用されない
→ ❷ 秦に渡って孝公に登用される
→ ❸ 秦軍を率いて魏に侵攻し、領土を奪う

つまり、魏の恵王が商鞅を登用しないと決めたとき、商鞅にはまだ【文章Ⅰ】のような実績はなかった。したがって②の「優れた実績があったのに、恵王は商鞅を登用しなかった」は誤読である。ほかの選択肢は、いずれも本文の内容に適合する。

重要単語リスト

□ 用	【もちフ】	動	登用する。任用する。使役する。もちいる。
□ 俗	【ぞく】	名	ならわし。風俗。習俗。よのなか。世俗。
□ 師	【し】	名	軍隊。
□ 不能	【あたハズ】	動	～できない。
□ 喪	【うしなフ】	動	うしなう。
□ 予	【よ】	代名	わたし。
□ 卒	【つひニ】	副	とうとう。結局。
□ 能	【よク】	副	できる。
□ 使	【もシ】	副	もし。

□ 猶	【なホ】	副	まだ。やはり。
□ 乃	【すなはチ】	副	そこで。
□ 於此	【ここニおイテ】	副	そこで。そうしたわけで。
□ 必	【かならズ】	副	きっと～だろう。

知識の総整理

◆使役「使」

	句形	読	訳
①	使ム二AヲシテBセ一	AヲシテBセしム	AにBさせる
②	使ムレBセ	Bセしム	Bさせる

▼「使」のほか「令・遣・教」も同じ。
▼②は①「使二A B一」の「Aをして」が省略された形。

◆再読文字「猶」

	句形	読	訳
①	Aハ猶ホレBノ(ガ)	Aハなホ B ノ（ガ）ごとシ	Aはまるで Bのようだ
②	Aスルコト猶ホレBノ(ガ)	AスルコトなホBノ（ガ）ごとシ	まるでBのようにAする

▼「猶」のほか「由」も同じ。

▼Bが体言のときは「Bのごとし」、用言のときは「Bする（連体形）＋がごとし」と訓読する。
▼Aが体言のときは①、用言のときは②で訓読する。
▼ただしAが用言の場合でも、「AはまるでBと同じようだ」と訳す場合は「Aするは猶ほBのごとし」と訓読する。

【例】孤之有二孔明一猶二魚之有レ水。
読　孤《こ》の孔明《こうめい》有《あ》るは猶《な》ほ魚《うを》の水《みづ》有《あ》るがごとし。
訳　私に孔明がいることはまるで魚に水があるのと同じようなものなのだ。

【例】其君之危猶二累卵一也。
読　其《そ》の君《きみ》の危《あや》うきこと猶《な》ほ累卵《るいらん》のごときなり。
訳　その君はまるで積み重ねた卵のように危険な状態にある。

第3回　実戦問題

◆限定形・累加形

	読	訳
① 特ダ……爾	ただ……のみ	ただ……だけだ
② 不㆓特ダニA㆒ノミナラ	ただニAノミナラず	Aだけではない
③ 非ズ㆓特ダニA㆒ノミニ	ただニAノミニあらズ	Aだけではない

▼「特」のほか「**唯・惟・只・但・特・直・徒**」も同じ。

▼「爾」のほか「**耳・已・而已**」も同じ。

▼しばしば「特……爾」と呼応して使われるが、「ただ」「のみ」単独でも使われる。

▼「ただ」が否定されて「不特」「非特」の形になっている場合は**累加形**。それぞれ「ただニ……ノミナラず」「ただニ……ノミニあらズ」と訓読して「……だけではない」と訳す。

【例】古之立㆓大事㆒者、
不㆔惟有㆓超世之才㆒、
亦必有㆓堅忍不抜之志㆒。

読 古《いにしへ》の大事《だいじ》を立《た》つる者《もの》、惟《た》だに超世《てうせい》の才《さい》有《あ》るのみならず、亦《ま》た必《かなら》ず堅忍不抜《けんにんふばつ》の志《こころざし》有《あ》り。

訳 いにしえの大事を成し遂げる人物は、ただ不世出の才能をもつだけでなく、どんな困難にも負けない不屈の精神をもつものである。

解答解説 第4回

解説動画

出演：寺師貴憲先生

設問	解答番号	正解	配点	自己採点①	自己採点②
問1	1	②	5		
	2	①	5		
	3	③	5		
問2	4	③	6		
	5	⑤	6		
問3	6	②	6		
問4	7	④	5		
問5	8	②	6		
問6	9	①	6		
合計（50点満点）					

第4回 ……… 暗黙知

出典

◆文章Ⅰ 『帰田録《きでんろく》』巻上

『帰田録』は北宋《ほくそう》の欧陽脩《おうようしゅう》（一〇〇七～一〇七二）の随筆。全二巻。王定保《おうていほ》が著した『唐摭言《とうせきげん》』などとともに、史書に記載されない細かな逸話・事跡・教訓・民俗などを記録した「佚事小説《いつじしょうせつ》」に分類される。

◆文章Ⅱ 『荘子《そうじ》』巻五 天道第十三

著者とされるのは、戦国時代の思想家、荘周《そうしゅう》（前三七〇頃～前三〇〇頃）。道家の思想家であり、その祖老子《ろうし》とともに「❶老荘《ろうそう》思想」と称される。書名は彼の名を取って『荘子』。「❷胡蝶《こちょう》の夢」などの多彩な寓話が特徴。

書き下し文

◆文章Ⅰ

陳康粛公尭咨《ちんかうしゆくこうげうし》射《しや》を善《よ》くす。当世無双《たうせいむさう》にして、公《こう》も亦《ま》た此《これ》を以《もつ》て自《みづか》ら矜《ほこ》る。嘗《かつ》て家圃《かほ》に射《い》る。売油翁《ばいゆをう》有《あ》り、担《に》を釈《と》きて立《た》ち、之《これ》を睨《み》ること久《ひさ》しくして去《さ》らず。其《そ》の矢《や》を発《はつ》して十《じふ》に八九《はちく》を中《あ》つるを見《み》るも、但《た》だ微《わづ》かに之《これ》に頷《うなづ》くのみ。康粛《かうしゆく》問《と》ひて曰《い》はく、「汝《なんぢ》

---

❶**老荘思想**――宇宙のあり方にしたがってありのままに生きる**無為《むい》自然《しぜん》**を理想とする道家の思想。人為的な儒学思想を批判した。

❷**胡蝶の夢**――荘周が蝶になった夢を見て、目が覚めたのち、自分が蝶になった夢を見ていたのか、はたまた蝶が自分になった夢を見ていたのか疑ったという故事（『荘子』斉物論より）。ここから、夢と現実との区別がつかないことをいう。

も亦《ま》た射《しや》を知《し》るか。吾《わ》が射《しや》亦《ま》た精《せい》ならずや」と。翁《をう》曰《い》はく、「他《た》無《な》し。但《た》だ手《て》熟《じゆく》するのみ」と。康肅忿然《かうしゆくふんぜん》として曰《い》はく、「爾《なんぢ》安《いづ》くんぞ敢《あ》へて吾《わ》が射《しや》を軽《かろ》んずる」と。翁《をう》曰《い》はく、「我《わ》が油《あぶら》を酌《く》むを以《もつ》て之《これ》を知《し》る」と。乃《すなは》ち一《いち》葫蘆《ころ》を取《と》りて地《ち》に置《お》き、銭《ぜに》を以《もつ》て其《そ》の口《くち》を覆《おほ》ひ、徐《おもむ》ろに杓《しやく》を以《もつ》て油《あぶら》を酌《く》み、之《これ》に瀝《そそ》ぐ。銭孔《せんこう》より入《い》りて銭《ぜに》湿《しめ》らず。因《よ》りて曰《い》はく、「我《われ》も亦《ま》た他《た》無《な》し。惟《た》だ手《て》熟《じゆく》するのみ」と。康肅《かうしゆく》笑《わら》ひて之《これ》を遣《や》る。此《こ》れ荘生《さうせい》の所謂解牛斲輪《いはゆるかいぎうたくりん》なる者《もの》と何《なん》ぞ異《こと》ならん。

◆文章Ⅱ

輪《わ》を斲《けづ》るに、徐《じよ》なれば則《すなは》ち甘《あま》くして固《こ》ならず、疾《しつ》なれば則《すなは》ち苦《く》にして入《い》らず。徐《じよ》ならず疾《しつ》ならず、之《これ》を手《て》に得《え》て心《こころ》に応《おう》ず。口《くち》に言《い》ふ能《あた》はず、数《すう》の其《そ》の間《かん》に存《そん》する有《あ》り。臣《しん》以《もつ》て臣《しん》の子《こ》に喩《さと》す能《あた》はず。臣《しん》の子《こ》も亦《ま》た之《これ》を臣《しん》に受《う》くる能《あた》はず。是《ここ》を以《もつ》て行年《かうねん》七十《しちじふ》にして老《お》いて輪《わ》を斲《けづ》る。古《いにしへ》の人《ひと》と其《そ》の伝《つた》ふべからざると死《し》せり。然《しか》らば則《すなは》ち君《きみ》の読《よ》む所《ところ》の者《もの》、古人《こじん》の糟粕《さうはく》なるのみ。

通釈

◆文章Ⅰ

陳康肅公堯咨は弓射を得意としていた。当世並ぶものはなく、公もその腕前を自ら誇りとしていた。かつて家の畑で矢を射ていると、油売りの老人が、荷を解いて立ち、長い間立ち去らず、公の矢を射る様子を見ていた。（公が）矢を発して十中八九は的に当てる見事な腕前を見せても、ただ少し頷くばかり。（不審に思った）康粛は「そなたも射撃がわかるのか。私の射撃は実に精確であろう」と問いかけた。すると老人は「特別なことはない。ただの慣れでしょうに」と答えた。康粛は怒りを覚えて「そなたはなぜ私の射撃の腕前をあえて軽んずるのか」と詰問した。老人は「私も（仕事で日々）油を汲んでいますからね、慣れれば自然とすごいことができるようになるってことくらいわかっているんですよ」と答えた。そこで（老人は）ひょうたんを一つ手にして地面に置き、銅銭でその口をふさぎ、おもむろに柄杓で油を汲むと、そこに注ぎ始めた。（油はまっすぐ糸を引くようにして）銅銭の孔を通り、銅銭は（少しも油で）湿ったりしなかった。そこで（老人は）言った、「私も同じく特別なことは何もありません。ただ（手）慣れているだけです」と。康粛は笑ってこの老人を（ゆるし、）立ち去るに任せた。これこそ荘子の言う解牛斲輪の話と同じものであろう。

◆**文章Ⅱ**

輪を削って成形するとき、（手の動きが）遅すぎれば削りが甘くなって（輻《や》〈＝スポーク〉を輪の穴に）うまく固定できなくなり、速すぎれば削りがきつくなって（輻を輪の穴に）うまく入れられなくなるものです。遅すぎず速すぎず、その加減を手で覚え、心に納得します。口にして語ることはできませんが、コツはその間にあるのです。

私は私の子にこのコツを教えることができず、私の子も私からこのコツを教わることができません。ですから（私は）もう七十歳になりますが、老いぼれても輪を削りつづけているのです。いにしえの聖人とともに彼らが伝えられなかったことも一緒に死に絶えております。そうであるならば、陛下がお読みになっているものは、いにしえの人物の残りかすに過ぎないのです。

解説

問１

1 正解は②

2 正解は①

3 正解は③

> 問　波線部(1)「無レ他」・(2)「惟手熟爾」・(3)「甘而不レ固」のここでの解釈として最も適当なものを、次の各群の①～⑤のうちから、それぞれ一つずつ選べ。

(1)「無レ他」

「無レ他」は「他でもない」「他に理由はない」という意味。次の問題とも関わるが、波線部の続きには「但だ手熟するのみ」とあり、合わせて訳すと「特別なことは何もありません。ただ（手）慣れているだけです」となる。正解は「特別なことはない」とある②。

(2)「惟手熟爾」

ポイントは「惟」「爾」。

「**惟**」は**限定の助詞**で、読み方は「**ただ**」。ほか「**唯・只・但・特・直・徒**」も

◎「爾」まとめ

用法	意味
爾《なんぢ》	あなた（二人称）
爾《しかり》・爾《しか》	このようだ
爾《のみ》	だけだ（限定） である（断定）

同じ。また「爾」も**限定の終助詞**で、読み方は「**のみ**」。ほか「**耳・已・而已**」も同じ。**「惟……爾」と呼応して使われるが、「ただ」「のみ」単独でも使われる。**

波線部の読みは「惟だ手熟するのみ」、直訳は「ただ手が熟しているだけだ」。この「熟」は**熟練・熟達**の「**熟**」で、正解は「ただ手慣れているだけだ」の①。

(3)「甘而不レ固」

ポイントは**対句**。波線部を含む一文は対句になっている。

徐《ナレバ》則《チ》甘而不レ固、（徐なれば則ち「甘而不固」）

疾《ナレバ》則《チ》苦而不レ入。（疾なれば則ち苦にして入らず）

また下の句の「苦而不入」には注が付いており、「穴がきつくて輻（スポーク）が入らない」とある。波線部はこの「苦而不入」と対になる部分なので、「穴が緩くて輻が固定できない」といった意味だとわかる（穴が大きすぎて、輻がはまらず、外れてしまうということ）。正解は「輻が穴から外れそうになる」とある③。**対句を踏まえて解釈しているのはこの選択肢だけ**である。例えば⑤は、「車輪は弱くなって故障」するとあり、「穴の緩さ」と関係ないので不適となる。

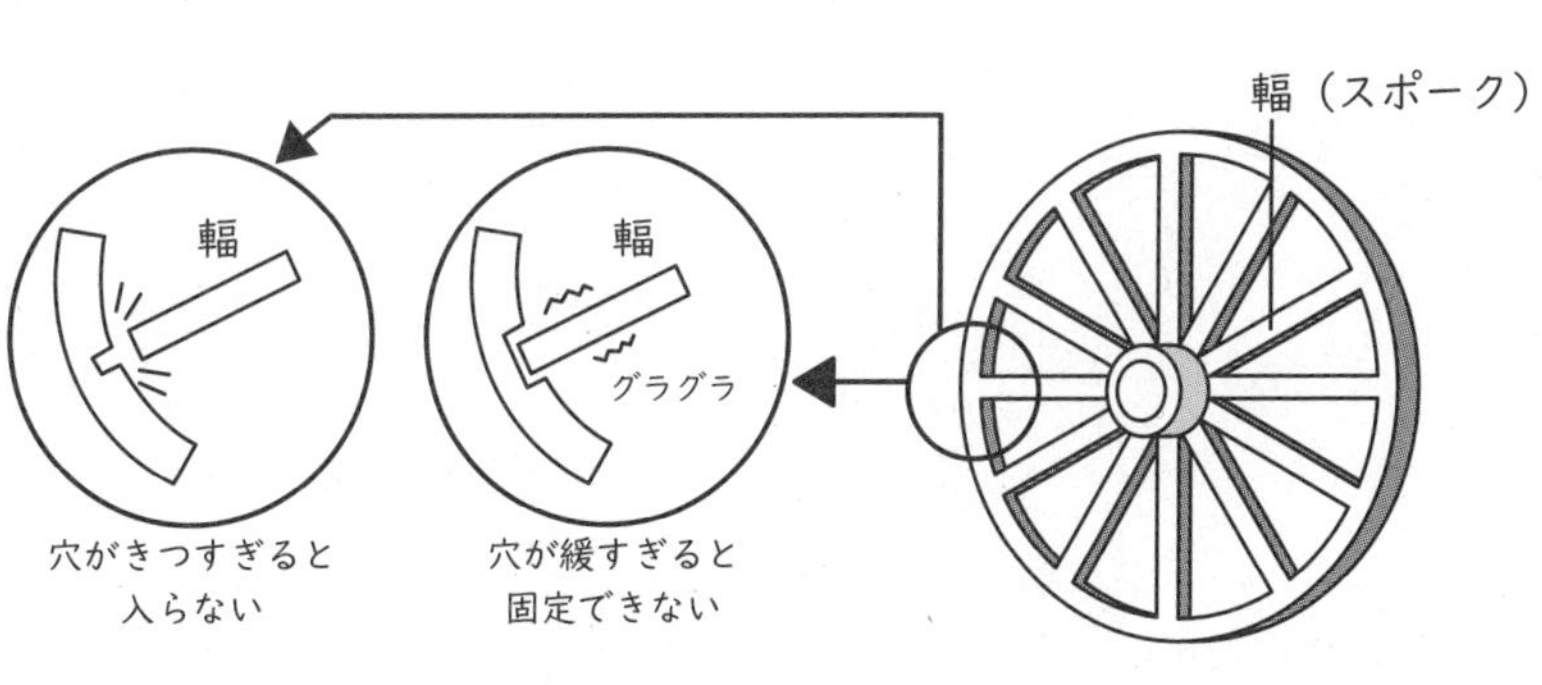

問２

４ 正解は③

５ 正解は⑤

問　傍線部Ａ「吾射不亦精乎」・Ｂ「爾安敢軽吾射」の書き下し文とその解釈との組合せとして最も適当なものを、次の各群の①～⑤のうちから、それぞれ一つずつ選べ。

Ａ「吾射不亦精乎」

ポイントは、**反語・詠嘆**の句形「**不亦……乎**」。「亦《ま》た～ずや」と読み、「なんと～ではないか」などと訳す。この句形にしたがえば、傍線部は「吾が射亦た精ならずや」と訓読するから、この段階で正解は③・⑤の二択。次に直訳は「私の射撃は実に精確ではないか」＝「私の射撃は実に精確であろう」だから、正解は③。「また精確に的に当てられるだろう」と誤訳する⑤は不適である。

Ｂ「爾安敢軽吾射」

ポイントは、**疑問・反語**の句形「**安**」と多義語「**爾**」。

まず傍線部の「軽吾射」は「吾が射を軽んず」と読み、「私の射撃を軽視する」と訳す。「安」は「いづクンゾ」「いづクニカ」の二択。「どうして軽視するのか」

「どこで軽視するのか」のどちらが日本語として自然かと考えれば、前者だとわかる。この段階で正解は「安くんぞ」と読む③・⑤の二択。

文頭の**「爾」**は基本的に**「なんぢ」**と読まれるので、**⑤が正解だと予測できるが、訳して文脈に合うか確認する**。このとき**選択肢の訳を見ず、自分で訳すのがコツ**。選択肢の訳が**あえて誤訳されている**ことがあるからだ。

まず反語「安くんぞ敢へて吾が射を軽んぜんや」の訳は「どうしてあえて私の射撃を軽視しようか」＝「私の射撃を軽視したりしない」となる。**反語「安敢」は疑問の形を借りた否定表現**なので、「不敢」（＝したりしない）と同義になる。

次に疑問「安くんぞ敢へて吾が射を軽んずる」の訳は「どうしてあえて私の射撃を軽視するのか」となる。この「敢」は「強いて／無理に／思い切って」などと訳す副詞で、傍線部では「おまえは（油売りの分際で、射撃もわからないのに）『あえて』私の射撃を軽視するのか」という文脈で使われている。

これに対して油売りの老人は「私は油を汲むので、そのこと（＝あなたの射撃の腕前が特別なものではないこと、手慣れているに過ぎないこと）がわかっているのです」と答える。この答えとの対応を考えれば、反語「おまえは私の射撃を軽視したりしない」よりも、**疑問「おまえはどうして私の射撃を軽視するのか」**の方が適切だとわかる。正解は⑤。

◎**「安」**――「安」は疑問詞として「いづくんぞ」「いづくにか」のいずれかで訓読される。両者に共通する「いづく」は「いずこ」の古い形であり、つまり「どこ」という意味になる。

また「いづくんぞ」の「ん」は「に」が音便化したもの。したがって「いづくん（に）ぞ」も「いづくにか」も同じ「どこに」という意味をもっている。それが、時代が経つにつれ、「いづくんぞ」は「～ん（や）」を伴って「どうして～だろうか」と訳すようになり、「いづくにか」は元来の意味そのままで「どこに～のか」と訳していると考えられている。

問３ 6 正解は②

問 傍線部Ｃ「此与㆓荘生所謂解牛斲輪者㆒何異」の解釈として最も適当なものを、次の①～⑤のうちから一つ選べ。

ポイントは「所謂」と「何異」。頻出の「**与**」は、ここでは全選択肢「**と**」と解釈されている。

「**所謂**」は「**いはゆる**」と読み、「**世に言う**」「**世間の人びとが言う**」などと訳す。もとは「所㆑謂Ａ（謂ふ所のＡ）」であり、「（不特定多数の人びとが）言うところのＡ」から「世に言うＡ」という解釈になった。「Ａ所謂Ｂ（Ａの所謂Ｂ）」の場合は「Ａ所㆑謂Ｂ（Ａの謂ふ所のＢ）」→「Ａが言うところのＢ」→「Ａが言う／主張する／述べるＢ」といった解釈になる。

傍線部は後者の形であり、「荘生（＝荘子）の述べる解牛斲輪は」＝「『荘子』（という書物）に書かれている解牛斲輪は」＝「荘子にある解牛斲輪は」と解釈するのが正しい。この段階で正解は②・③の二択。

次に「何異」。「**何**」は**疑問・反語・詠嘆**の用法をもち、かつ「何《なん》ぞ」「何《なに》を」「何《いづ》れ」「何《いづ》くに」「何《なん》の」など多くの読みももつ。「何異」の解釈は、

①反語「何ぞ異ならん」（＝どうして異なろうか・異ならない＝同じである）
②疑問「何ぞ異なる」（＝どうして異なるのか・どうして異なるのだろうか）
③疑問「何くにか異なる」（＝どこが異なるのか・どこが異なるのだろうか）

のいずれか。つまり③「どこが異なっているのだろうか」とも解釈できる。

とはいえ、本文最後で「どこが異なっているのだろか」と自問で終わるのは不自然である。それよりも「この話は解牛斲輪の逸話と同じである」と言い切る形、すなわち反語で解釈するのが適切であろう。したがって正解は②。

問４ [7] 正解は④

> 問
> 【文章Ⅱ】の傍線部Ｄ「得ニ之於[X]一而応ニ於心一」は車輪作りの極意を述べている。【文章Ⅰ】と【文章Ⅱ】を踏まえたとき、空欄[X]に入る語として最も適当なものを、次の①～⑤のうちから一つ選べ。

まず傍線部を訳すと、「これを[X]に得て心に応ず」となる。設問によると、この一節は車輪作りの極意を述べたものだという。車輪を削るには、遅すぎてもダメ、速すぎてもダメであり、遅くもなく速くもない加減は[X]に得るというのだ。

【文章Ⅰ】では陳康肅公と売油翁という二人の達人が登場し、その腕前は「特別なものではない。ただ手慣れただけだ」と語られる。これを踏まえれば、輪扁《りんぺん》の技術も、彼らと同じく「手慣れた」もの、つまり繰り返し作業をして手で覚えたものだと解釈できる。正解は「手」の④。

問５ 8 正解は②

問 傍線部Ｅ「古之人与其不可伝也死矣」の返り点の付け方と書き下し文との組合せとして最も適当なものを、次の①〜⑤のうちから一つ選べ。

ポイントは「与」と「可」である。

まず選択肢⑤を消去する。傍線文中に**疑問・反語・詠嘆の要素がないにもかかわらず**、文末が「……せんや」「……するか」「……なるや」などと**疑問・反語・詠嘆で訓読されている選択肢は正解にならない**からだ。

「**矣**」は**文末の置き字**で、主に**断定・完了・推量**を表し、実は疑問・反語・詠嘆を表す場合もあるが、**共通テストでは「矣」だけを根拠に疑問・反語で解釈させるような問題は出ない**。というわけで、とりあえず消す。

次に「**可**」。位置で読み方は変わる。例えば、「可撃」なら「撃つべし」であり、「撃可」なら「撃つも可なり」「撃つは可なり」となる。否定文の場合は「不可撃」は「撃つべからず」、「撃不可」は「撃つは可ならず」「撃つは不可なり」となる。「可」が傍線部にある場合、**「可なり」「可とす」と読むひっかけの選択肢**がありがちなので、注目する。逆に「可なり」が正解のこともあるので注意。傍線部は「不可伝」で、「伝ふべからず」が正解。「可ならず」と読む③・④は不適。

最後に「**与**」。単純に過去問では「与ふ」が正解になったことはない。正解は②である。とはいえ、**必ず直訳し、文脈に合うか確認**して、②でよいかどうか判断する。②の直訳は「いにしえの人（＝聖人）と彼が伝えられなかったことは死んでしまった」となる。車輪作りの極意は言葉で表現できないので、子に伝授することすらできない、同じように、いにしえの聖人もその極意は言葉で表現できないので、**聖人が死ぬとともに彼が伝えられなかった極意も死んでしまった**はずだ、したがって陛下がお読みになっている書物は古人の残りかすに過ぎないのです、となって文脈に合う。したがって正解は②。

なお①の直訳は「いにしえの人（＝聖人）は、（何かを誰かに）与えて伝えられずに死んでしまった」となる。この解釈が成り立つには、聖人が誰かに自分の教えを伝えようとしたが、伝えられずに死んでしまった、という事実に言及している必要がある。もちろん、そのような言及は本文にないので不適である。

問６　9　正解は①

問　【文章Ⅰ】と【文章Ⅱ】を踏まえた「技術」の説明として最も適当なものを、次の①～⑤のうちから一つ選べ。

【文章Ⅰ】と【文章Ⅱ】を踏まえて「技術」について説明するもの。

【文章Ⅰ】には陳康肅公と売油翁、【文章Ⅱ】には輪扁が登場し、それぞれが熟達の「技術」をもっている。【文章Ⅰ】の末尾に「この話は荘子にある解牛斲輪の逸話と同じだ」とあり、【文章Ⅱ】はその「斲輪」の逸話の一部を抜粋したものになる。「売油翁」と「輪扁」の逸話のどこが同じかといえば、**問４**で確認したように、どちらも技術を「手熟」「手に得」、つまり**手で覚えた**とある点である。したがって正解は①。

② 「中庸を尊重するもの」云々が不適。【文章Ⅰ】にそのような話はない。

③ 「やがて誰でも身につけられるもの」が不適。【文章Ⅱ】の内容と合わない。誰でも身につけられるなら、輪扁の息子も車輪作りの極意を身につけられるので、輪扁が七十歳を超えて車輪を作りつづける必要はない。

④ 「ひたすらその道を極めた者だけ」が不適。【文章Ⅰ】では陳康肅公と自分の神業について売油翁が「手慣れただけだ」と評しており、大したものではないとと

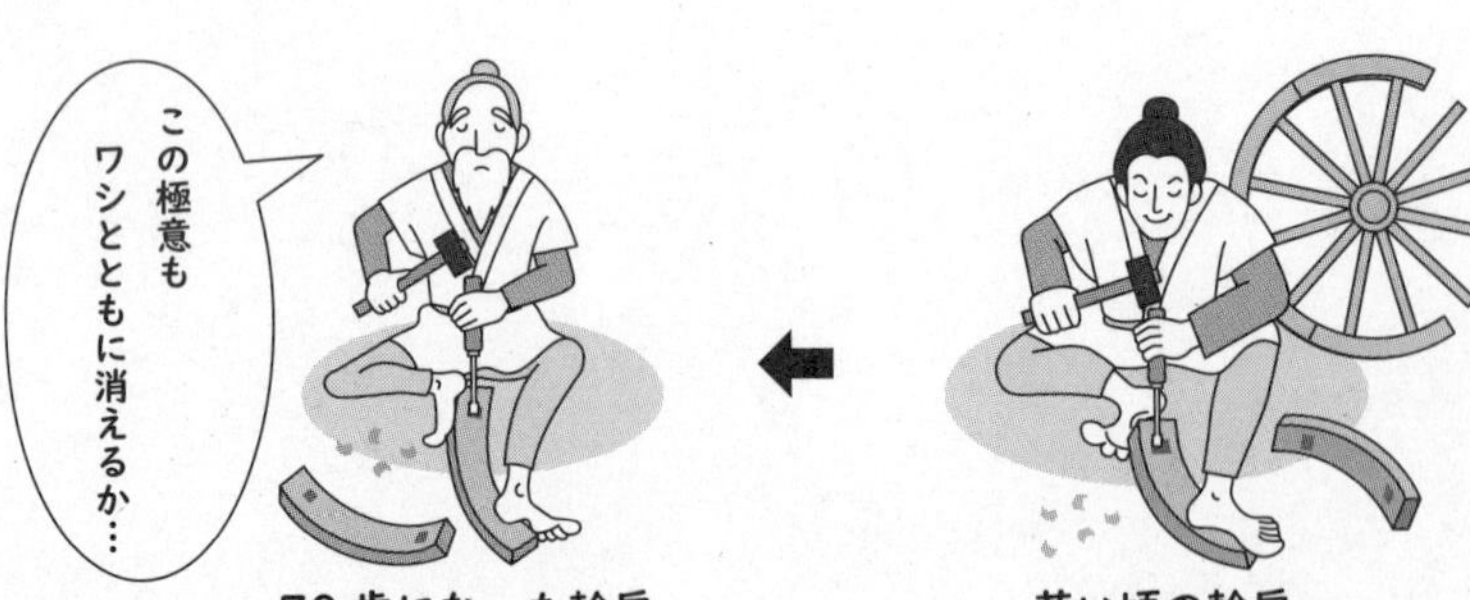

70歳になった輪扁　←　若い頃の輪扁

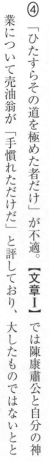

らえている。この点で「道を極めた者」という大げさな表現と矛盾する。

⑤「教わるだけでは不十分」が不適。**【文章Ⅱ】**によれば、「技術」（＝車輪作りの極意）は言葉で伝えられない＝教えることができないという。

重要単語リスト

□ 善	【よクス】	動	～を得意とする。～に精通する。
□ 無双	【むそう】	名	並ぶものがいないこと。
□ 亦	【まタ】	副	また。やはり。
□ 以此	【これヲもつテ】	副	それで。それを。
□ 自	【みづかラ】	副	自分で。自分で自分を。
□ 嘗	【かつテ】	副	以前。
□ 中	【あツ】	動	命中させる。
□ 但	【ただ】	副	ただ。
□ 乃	【すなはチ】	副	そこで。
□ 以	【もつテ】	前置	～によって。～のせいで。～を。
□ 徐	【おもむロニ】	副	しずかに。徐々に。少しずつ。

□ 自	【より】	前置	～から。
□ 遣	【やル】	動	行かせる。釈放する。追い払う。妻と離縁する。
□ 疾	【しつナリ】	形容	速い。
□ 不能	【あたハズ】	動	～できない。
□ 臣	【しん】	代名	わたし。※主君に対してへり下って言う時に使う。
□ 是以	【ここヲもつテ】	副	そこで。そうしたわけで。
□ 行年	【こうねん】	名	これまで生きてきた年数。
□ 然則	【しかラバすなはチ】	副	それならば。
□ 所	【ところ】	名	もの。こと。ひと。ところ。
□ 已夫	【のみ】	助	である。だけだ。

知識の総整理

◆反語・詠嘆

	読	訳
① 不二亦タAナラ一乎	まタAナラずや	なんとAではないか
② 不二甚ダAナラ一乎	はなはダAナラずや	とてもAではないか
③ 不二尤モAナラ一乎	もっとモAナラずや	とりわけAではないか
④ 豈ニ不レAナラ乎	あニAナラずや	なんとAではないか
⑤ 豈ニ非ズレAニ乎	あニAニあらズや	なんとAではないか

▼「乎」のほか「**哉・耶・邪・与・歟**」も同じ。

▼いずれも**反語表現**。文末は「……**ずや**」。原則として「……ざらんや」とはならない。

▼もともと「不レA乎（Aならずや）」「非レA乎（Aに非ずや）」という表現があり、ここに「亦た」「尤も」「豈に」を加えたもの。「**亦**」「**豈**」は**詠嘆の文意を強める語**で、「なんと／まことに／実に／まさに／まあ本当に／いかにも」などと解釈する。**訳出しない場合もある**。

▼どの形であっても、訳の根本は「Aではないか」。**同意・確認を求める表現**で、例えば、「不レ聞二伊尹一乎（伊尹を聞かずや）」は「（あの有名な賢人）伊尹の話を聞いているのではないか」＝「伊尹について聞いていませんか」＝「伊尹はご存知ですよね」と相手に確認している。詠嘆に分類されるので、まれに「Aであることよ」と訳されていることもあるが、本義から外れており、よい訳とはいえない。

◆疑問・反語「安」

《いづクンゾ》

① 安《クンゾ》A《セン》（乎）	読 いづクンゾAセン（や）	訳 どうしてAしようか
② 安《クンゾ》A《スル》（乎）	読 いづクンゾAスル（や）	訳 どうしてAするのか

《いづクニカ》

① 安《クニカ》A《セン》（乎）	読 いづクニカAセン（や）	訳 どこでAしようか
② 安《クニカ》A《スル》（乎）	読 いづクニカAスル（や）	訳 どこでAするのか

▼「安」のほか「**悪・焉・何・烏・寧**」も同じ。ただし「烏・寧」は「いづクニカ」とは読まず、「何」は「いづクンゾ」と読まない（下図を参照）。

▼「乎」のほか「**哉・耶・邪・与・歟**」も同じ。

おおむね「いづクンゾ」は反語、「いづクニカ」は疑問になるが、まれに「いづクンゾ……スルや」（疑問）・「いづクニカ……センや」（反語）と読むこともある。

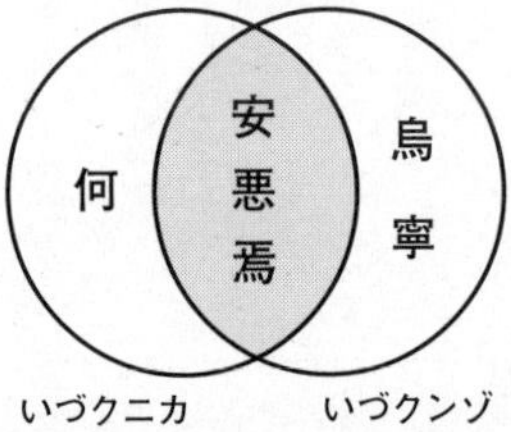

図「いづクンゾ」「いづクニカ」

◆疑問・反語「何」

① 何《ゾ》A《セン》（乎）	読 なんゾAセン（や）	訳 どうしてAしようか ＝Aしない
② 何《ゾ》A《スル》（乎）	読 なんゾAスル（や）	訳 どうしてAするのか

▼「何」のほか「**胡・奚・曷・那**」も同じ。「烏・寧」も「いづクンゾ」のほか「**なんゾ**」と読まれることもある。また終助詞は「乎」のほか「**哉・耶・邪・与・歟**」なども使われる。

解答解説 第5回

解説動画

出演：寺師貴憲先生

設問	解答番号	正解	配点	自己採点①	自己採点②
問1	1	②	3		
	2	③	3		
問2	3	③	4		
	4	②	4		
問3	5	⑤	4		
	6	④	4		
問4	7	④	7		
問5	8	①	7		
問6	9	②	7		
問7	10	③	7		
合計（50点満点）					

第5回 ……… 詩と典故

出典

◆**問題文Ⅰ『本朝麗藻《ほんちょうれいそう》』巻下**

高階積善《たかしなのもりよし》（生没年不詳）撰。漢詩集。一〇一〇年頃成立。詩題は「夏日同じく『未だ風月の思ひに飽かず』を賦す」で、作者の藤原為時《ふじわらのためとき》が藤原道長邸の詩宴に参加し、複数の詩人と同じ題で詩を作り合ったときの七言律詩《しちごんりっし》。なお藤原為時は紫式部の父。名家の出でありながら不遇をかこった。

◆**問題文Ⅱ『文選《もんぜん》』巻二十七　楽府上**

梁《りょう》の昭明太子蕭統《しょうめいたいししょうとう》（五〇一～五三一）撰。六世紀前半に成立。周《しゅう》（前一〇四六～前二五六）から六朝の梁（五〇二～五五七）までの約八〇〇の詩文を選集したもの。聖徳太子「十七条憲法」（六〇四）に『文選』からの引用があるとされ、また『万葉集』の部立てのモデルになるなど、古くから日本に伝わり、詩人・歌人に愛読されて、その創作に影響を与えた。班婕妤《はんしょうよ》の作とされる「怨歌行《えんかこう》」は、皇帝の寵愛を失った宮女の悲哀をうたう宮怨詩で、以後その祖型となった。またこの詩に登場する「秋扇」は、捨てられた女性のメタファーとして長く使われることになる。

◆**問題文Ⅲ** 『漢書《かんじょ》』巻九十七　外戚伝第六十七下

後漢《ごかん》の班固《はんこ》（三二～九二）撰著。正史《せいし》の一つ。前漢《ぜんかん》一代の歴史を扱ったもの。（↓40ページ）なお班固の曽祖父にあたる班況《はんきょう》の娘が班婕妤である。

書き下し文

◆**問題文Ⅰ**

未《いま》だ飽《あ》かず多年《たねん》詩思《しし》の侵《をか》すに
清風朗月久《せいふうらうげつひさ》しく沈吟《ちんぎん》す
志《こころざし》は日《ひ》に随《したが》ひて動《うご》き　何《なん》ぞ足《た》れりと為《な》さんや
興《きよう》は晴《はれ》に遇《あ》ひて牽《ひ》かれ　豈《あ》に心《こころ》に厭《あ》きんや
班扇《はんせん》の長《なが》き襟《おも》ひは秋尽《あきつ》きず
楚台《そだい》の余《ゆた》かなる味《あぢはひ》は老《お》いて弥深《いよいよふか》し
時人咲《じじんわら》ふ莫《な》かれ　散樗《さんちょ》の吏《り》
白髪緋衫独《はくはつひさんひと》り尚《な》ほ淫《ふけ》りたるを

◆**問題文Ⅱ**

新《あら》たに斉《せい》の紈素《ぐわんそ》を裂《さ》く　皎潔霜雪《かうけつさうせつ》のごとし
裁《た》ちて合歓《がふくわん》の扇《あふぎ》と為《な》せば　団団《だんだん》として明月《めいげつ》に似《に》たり

君《きみ》の懐袖《くわいしう》に出入《しゆつにふ》し　動揺《どうえう》して微風《びふう》発《はつ》す
常《つね》に恐《おそ》る秋節《しうせつ》至《いた》り　涼風《りやうふう》の炎熱《えんねつ》を奪《うば》はんことを
篋笥《けふし》の中《なか》に棄捐《きえん》せられ　恩情中道《おんじやうちゆうだう》に絶《た》えん

◆**問題文Ⅲ**

成帝後庭《せいていこうてい》に游《あそ》び、嘗《かつ》て婕妤《せふよ》と輦《れん》を同《おな》じくして載《の》らんと欲《ほつ》す。婕妤《せふよ》辞《じ》して曰《い》はく、「古《いにしへ》の図画《づぐわ》を観《み》るに、賢聖《けんせい》の君皆名臣《きみみなめいしん》の側《かたはら》に在《あ》る有《あ》り。三代《さんだい》の末主《まつしゆ》は乃《すなは》ち嬖女《へいぢよ》有《あ》り。今輦《いまれん》を同《おな》じくせんと欲《ほつ》するは、之《これ》に近似《きんじ》すること無《な》きを得《え》んや」と。上其《しやうそ》の言《げん》を善《よ》しとして止《や》む。太后之《たいこうこれ》を聞《き》き、喜《よろこ》びて曰《い》はく、「古樊姫《いにしへはんき》有《あ》り、今班婕妤《いまはんせふよ》有《あ》り」と。

通釈

◆**問題文Ⅰ**

私は長年詩情にどっぷり浸っているが、まだ飽き足ることもない。（今夜も）清風明月の趣を前に（どんな詩を書こうかと）深く考えに沈み込む。（詩の）志は日増しに強くなるばかりで、満足などできるわけがない。風月の趣は晴天のもと心ひかれるすばらしさで、見飽きるわけがない。班婕妤の、月のごとく丸い扇に込められた深い悲しみは秋になっても尽きることはない。楚の襄王《じようおう》の離宮に吹く風の豊かな味わいは年老いてますます身にしみるようになる。みなさん、笑ってくださるな、役立たずな官吏の私が、年老いて緋の服をまとい、ひとり風月の興趣にふけっているのを。

◆**問題文Ⅱ**

新たに斉の白絹を裂く、その清らかな白さはまるで霜か雪かのよう。裁断して両合わせの団扇を作る、丸々としてまるで明月かのよう。あなたの懐に出入りして、揺り動かせばそよ風が起こる。秋が訪れて涼やかな風が炎暑を奪ってしまうことをいつも恐れている。衣装箱に打ち捨てられて、寵愛も途絶えてしまうことでしょう。

◆**問題文Ⅲ**

成帝が後宮に遊び、班婕妤と手押し車に同乗しようとしたことがあった。婕妤は固辞して言う、「いにしえの図画を見ますと、聖賢の君主はその側に名臣が描かれており、（一方、）三代の末主（夏《か》の桀王《けつおう》、殷《いん》の紂王《ちゅうおう》、周《しゅう》の幽王《ゆうおう》）の場合はそこに寵姫（夏の妹喜《ばっき》、殷の妲己《だっき》、周の褒姒《ほうじ》）の姿が描かれております。いま陛下が私と手押し車に同乗しようとするのは、これに近いことになってしまうのではありませんか」と。成帝はこの言葉をすばらしいものだと認めて思いとどまった。太后もこの話を聞いて「いにしえには樊姫という立派な女性がいたが、いま（の時代）にも班婕妤という立派な女性がいるのだ」と述べて喜んだ。

解説

問１

1 正解は②

2 正解は③

問　二重傍線部(ア)「嘗」・(イ)「乃」のここでの読み方として最も適当なものを、次の各群の①～⑤のうちから、それぞれ一つずつ選べ。

(ア)「嘗」

二重傍線部の「**嘗**」の読み方は「**かつテ**」。正解は②。「嘗」には、副詞として①「かつて」、②「つねに」、動詞として③「なむ」（＝味わう／経験する）といった読みがある。このうち①が頻出。（↓24ページ）

(イ)「乃」

二重傍線部の「**乃**」の読み方は「**すなはチ**」。正解は③。意味は下にあるとおり。「そこで」「ようやく」「意外にも」を特に覚えること。

◎「すなはチ」と読む漢字

語	意味
則	…すると／…したところ／…の場合は／もし…ならば／…するとかえって
乃	そこで／そして／ようやく／はじめて／すぐに／意外にも／なんと／かえって
即	すぐに／そのまま／とりもなおさず／つまり／…こそ～そのものだ
便	ただちに／すぐに／そのまま／こそ／そこで
輒	そのたびごとに／いつも／たやすく／すぐに

※「迺・曽・而」も「すなはチ」と訓読する。

問2

3 正解は③

4 正解は②

> 問 波線部(a)「未レ飽」・(b)「随レ日」のここでの解釈として最も適当なものを、次の各群の①〜⑤のうちから、それぞれ一つずつ選べ。

(a)「未レ飽」

ポイントは、再読文字「**未**」。「未飽」は「未だ飽かず」と読み、「まだ満足していない」と訳す。「飽く」は「飢う」の反対語で「満ち足りる」という意味。正解は③。

なお、誤答の選択肢は④を除いてほかの再読文字を踏まえたものである。

①「きっと…はずだ」は「**当**」「**応**」

②「…しようとしている」は「**将**」「**且**」

④「もう…している」は（再読文字ではないので、下の一覧にはないが）「**已に**《すで》」

⑤「…するのも当然である」も「**当**」「**応**」の訳である。共通テストでは、このように再読文字の使い分けに特化した問題が出る。「須」「宜」「盍」も含めてすべてわかるようにしておこう。

◎再読文字

語	読み・意味
未ダレAセ	読 いまダAセず 訳 まだAしない
将ニレAセント　且ニレAセント	読 まさニAセントす 訳 Aしようとする
当ニレAス　応ニレAス	読 まさニAスベシ 訳 Aしなければならない／Aするだろう
須ラクレAス	読 すべかラクAスベシ 訳 Aする必要がある
宜シクレAス	読 よろシクAスベシ 訳 Aするのがよい
猶ホレAノ　由ホレAノ	読 なホAノごとシ 訳 まるでAのようだ
盍ゾレAセ	読 なんゾAセざル 訳 どうしてAしないのか

(b)「随レ日」

波線部は「日に随ひて」と読む。波線部を含む句全体の直訳は「志は日に随って動き、どうして満足したと為したりしようか」となる。この「**志**」は詩に対するもので、本文の「**詩思**」（＝詩心／詩情）にあたる。

「何ぞ足れりと為さんや」は反語表現で、意訳すると、「（詩心は）満足したりしない」となる。これは第一句の「未だ飽かず多年詩思……」を受けたものである。したがって「志は日に随ひて動き」とは、年を重ねても詩心は衰えてはいない、むしろ月日が経てば経つほど詩心は強まっていく、という意味になるはずである。

正解は②「日が経つにつれて」。

【問題文Ⅰ】は**七言律詩**であり、**第三句・第四句**（＝**頷聯**《がんれん》）および**第五句・第六句**（＝**頸聯**《けいれん》）は**対句**になる。

第四句

興は晴に遇ひて牽かれ

晴に遇ひて（＝晴天に遇って＝月が美しく見えて）

↓

興趣が増して心ひかれる、という関係になっている。

第三句

志は日に随ひて動き

日に随ひて（＝日が経つにつれて）

↓

詩心が増して心が動く、という関係になっている。

この点を踏まえても、「飽き足りない詩心」と無関係な①・③・⑤を消せただろう（④はそもそも「日に随ひて」から遠すぎる）。

問３

5 正解は ⑤

6 正解は ④

> **問** 空欄 X ・ Y に入る語として最も適当なものを、次の各群の①～⑤のうちから、それぞれ一つずつ選べ。

▼本文が詩で空欄補充問題が出た場合は、とりあえず**押韻**《おういん》で解く（少なくとも選択肢を二つか三つに絞る）と予想する。

押韻とは「**韻を踏む**」❶こと。韻を踏む字（韻字）は、

①**偶数句末**にあり（ただし七言詩の場合は第一句の末字も原則として韻を踏む）、

②それぞれ**共通の韻をもつ**。例えば、杜甫《とほ》❷の「春望《しゅんぼう》」の韻字は、**深** shin・**心** shin・**金** kin・**簪** shin であり、共通の韻は -in になる。

X

空欄 X は第一句末にあたる。**【問題文Ⅰ】**は七言律詩であり、**偶数句末に加えて原則として第一句末も韻を踏む**。したがって空欄 X には韻字が入る。

まず偶数句末に着目すると、**吟** gin・**心** shin・**深** shin・**淫** in であり、共通の韻は -in になる。次に選択肢の字は、**禁** kin・**募** bo・**興** kou（kyou）・**覚** kaku・**侵**

---

❶**韻**――漢字一字を音読みしたときの、最初の子音を除く残りすべて。例えば、祭 sai の韻は -ai・典 ten の韻は -en・楽 raku の韻は -aku である。

❷**杜甫「春望」**――五言律詩《ごごんりっし》の形式である（緑字は韻字）。

国破レテ山河在リ
城春ニシテ草木深シ
感ジテハレ時ニ花ニモ濺《そそ》ギレ涙ヲ
恨ミテハレ別レヲ鳥ニモ驚カスレ心ヲ
烽《ほう》火《くわ》連ナリ二三月ニ一
家書抵《あた》ル二万金ニ一
白頭搔ケバ更ニ短ク
渾《すべ》テ欲スレ不ランレ勝《た》ヘレ簪《しん》ニ

《**書き下し文**》

国破れて山河在り
城春にして草木深し
時に感じては花にも涙を濺ぎ

shin で、韻字にあたるのは、①「禁」と⑤「侵」のみ。なお、覚 kaku の韻は -u ではなく -aku であり、学 gaku や卓 taku と韻を踏むので注意。

あとは文意・文脈を考えて「未だ飽かず多年詩思の禁ずるに」「未だ飽かず多年詩思の侵すに」のうち、適切な方を選ぶ。直訳は①が「まだ満足できない、長年詩情が禁じるのに」、⑤が「まだ満足できない、長年詩情が侵す（＝侵略する／次第に入り込む／近づく）のに」になる。

正解は⑤。①では「長年、詩情を禁じてきた」という意味になり、年老いてもなお詩にふけっているという詩の内容と合わない。⑤なら「長年、詩情が侵してきた」＝「長年、詩の深みにはまってきた」という意味になって合う。

Y

空欄 Y は第四句末であり、韻を踏む字である。まずほかの偶数句末に着目すると、雪 setsu・発 hatsu（hotsu）・熱 netsu・絶 zetsu であり、共通の韻は -u ではなく -etsu になる。次に選択肢の字は、鏡 kyou・悦 etsu・暗 an・月 getsu・星 sei であり、韻字にあたるのは、②「悦」と④「月」のみ。

空欄を含む第三句・第四句の訳は「（斉産の白絹を）裁断して合歓の団扇を作れば、丸々として『明 Y 』のようだ」となる。「**団団として**」（＝**丸いさま**）に合うものを選べば、正解は④。

別れを恨みては鳥にも心を驚かす
烽火三月に連なり
家書万金に抵る
白頭掻けば更に短く
渾べて簪に勝へざらんと欲す

《通釈》
国都長安は賊軍に破壊されてしまったが、山と川は昔と変わらずそこにある。／そうしてすっかり荒れ果てた町に春が訪れて、草木が深々と生い茂っている。／戦乱のつづく悲惨な時代に感じては、美しい花を見ても涙がこぼれ落ちてくる。／家族との別れを怨み悲しんでは、美しい鳥の声を聞いても心を傷めてしまう。／戦いののろしは三ヵ月もつづき、／めったに届かない家族からの手紙はいまや万金に値する。／白髪頭は掻けば掻くほど乏しくなってしまい、／すっかりかんざしを挿すこともできなくなりそうである。

問４ 7 正解は ④

問 傍線部A「班扇長襟秋不レ尽　楚台余味老弥深」の解釈として最も適当なものを、次の①～⑤のうちから一つ選べ。

【問題文Ⅰ】は**七言律詩**であり、先にも触れたが、**第三句・第四句**（＝**頷聯**）および**第五句・第六句**（＝**頸聯**）は**対句**になる。傍線部は第五句・第六句であり、対句になっていることを踏まえて解釈する。

第五句	**班扇**	**長襟**	**秋不尽**（**班扇の長き襟ひは秋尽きず**）
第六句	**楚台**	**余味**	**老弥深**（**楚台の余かなる味は老いて弥深し**）

まず「班扇」は**班婕妤の団扇**で、秋になったら用済みになって打ち捨てられることから、**寵愛を失って捨てられる女性の象徴**として**【問題文Ⅱ】**の詩で取り上げられた。「楚台」は、注４にあるように、楚の襄王の離宮であり、王が襟を開いて風を受けた故事で有名である。

次に「長き襟ひ」は班婕妤が抱く長い憂いや恐れを指し、「余かなる味」は楚の襄王が受けた風の味わい（＝興趣）を指す。

最後に「秋不尽」は「秋になっても尽きることはない」という意味であり、「老いて弥深し」も同じく「年老いてますます深くなる」、つまり「いつまでも尽きることはない」という意味である。これは冒頭の「未だ飽かず」を受けた表現であり、詩作のもとになる憂思（班扇）も興趣（楚台）も尽きることはない、つまり飽くことなく詩作にふけってしまうことをたとえている。

それでは、なぜここで藤原為時は「班扇」と「楚台」を取り上げたのか。

詩題に「夏日同じく『未だ風月の思ひに飽かず』を賦す」とあるように、この詩は「風月の思ひ」を主題としたものである。第二句に「清風朗月久しく沈吟す」とあるのはそのため。この詩題に合わせて為時は、第五句・第六句で「班扇」＝**月**、「楚台」＝**風**を取り上げた。「班扇」は、**【問題文Ⅱ】**にあるように、扇子ではなく円形の団扇であり、「明月に似たり」と表現されるように、月の象徴である。したがって「班扇」＝**月**、「楚台」＝**風**、と正しく解釈している④が正解。

①は前半が「長き襟ひは秋尽きず（長い思いは秋になっても尽きない）」と全く合わないので不適。

②は「そよ風」「月」が不適。団扇が月、楚台が風の象徴である。

③と⑤はともに班婕妤と成帝の愛が秋になっても尽きないと解釈している点で不適。団扇は捨てられた宮女のメタファーである。

さあ　今夜は
どんな詩を
つくろうかな……
しみじみ…

藤原為時

問５ 8 正解は①

> 問 傍線部Ｂ「常恐秋節至　涼風奪二炎熱一」とあるが、これは何のたとえか。説明として最も適当なものを、次の①～⑤のうちから一つ選べ。

【問題文Ⅱ】全体を踏まえて第七句・第八句を解釈する。円満な男女の仲を象徴する「団扇」が、秋になれば用済みとなって打ち捨てられ、「恩情中道に絶えん（恩愛の情も途絶えてしまうだろう）」と結ぶ。この団扇は班婕妤自身を指し、「君の懐袖に出入し」て寵愛を受けていたが、時が経ち、寵愛を失って、成帝に捨てられてしまう憂いを団扇に仮託して表現している。

正解は①。秋の団扇のように、自分も成帝の寵愛を失って捨てられるとはっきり解釈しているものはこれしかない。

なお②は、団扇が箱の中にしまわれる、自分も居場所を移す、としか表現されておらず、直後の「棄捐篋笥中」「恩情中道絶」に明示される「打ち捨てられる」「寵愛を失う」という意味合いを表現できていないので不適である。

問6 9 正解は②

> 問 傍線部C「得無近似之乎」の返り点の付け方と書き下し文との組合せとして最も適当なものを、次の①～⑤のうちから一つ選べ。

ポイントは「得無……乎」と「之」。

「**得無……乎**」は「……なキヲえンや」と読み、「……ではなかろうか」と訳す**反語表現**。この段階で「……**無きを得んや**」と読む②・④の二択。

次に「**之**」。「之」の用法には次の三つがある。

① 用言レ之　之《これ》を（に）用言す
② 体言 之……　体言 の
③ 之 場所　場所 に之《ゆ》く

傍線部では「近似す（用言）」＋「之」の形になっているので、「之に近似す」と読む。

以上を合わせると、「之に近似すること無きを得んや」となる。正解は②。直訳は「これに近いのではなかろうか」。

班婕妤と車に同乗しようとした成帝に対して、彼女は「三代の末主」（＝夏・殷・周それぞれの最後の王、つまり亡国の君主）の側には寵姫が描かれていることを取り上げ、自分が成帝の隣に乗れば、亡国の君主の不吉な絵と近似した構図になってしまうのではないかと指摘した。そうして彼女は遠回しに成帝を諌めたので、太后から「いにしえには樊姫（という立派な女性）がいたが、いまも班婕妤（という立派な女性）がいる」と褒めたたえられた。

問７　10　正解は③

> 問
> 【問題文Ⅰ】と【問題文Ⅱ】と【問題文Ⅲ】の内容に合致するものを、次の①〜⑤のうちから一つ選べ。

▼すべての問題文を踏まえて、その内容と一致しているものを探す。選択肢を吟味する前に本文全体を俯瞰して、内容を振り返っておくとよい。

①「皇帝の側には愛姫ではなく皇后が座るべきだとして」が不適。彼女が同乗を拒んだのは、亡国の君主の絵と同じ構図になるからだった。またそれがきっかけで寵愛を失ったという点も、本文からは読み取れない。

②「傲慢な女性」が不適。のちに太后から褒めたたえられたように、彼女は立派な女性と位置づけられている。また「『怨歌行』を作って自分の浅慮を悔やんだ」という点も不適。そもそも**【問題文Ⅲ】**の逸話と「怨歌行」の間には何の関連性もない。

③正解。

④「藤原為時はその団扇を『清風』の象徴として使った」が不適。「朗月」の象徴として使っている。

⑤「円満な皇帝と自分との関係を丸い団扇にたとえて永遠の愛を歌い」が不適。逆である。寵愛を失って捨てられる自分を、秋になったら打ち捨てられる団扇にたとえた。

重要単語リスト

単語	読み	品詞	意味
□ 豈	【あニ】	副	どうして。
□ 弥	【いよいよ】	副	ますます。
□ 独	【ひとリ】	副	ただ。単に。だけ。ひそかに。
□ 尚	【なホ】	副	いまも。それでも。さらに。そのうえ。
□ 如	【ごとシ】	助動	～のようだ。～と同じだ。
□ 為	【なス】	動	～にする。
□ 似	【にタリ】	動	～のようだ。～に似ている。
□ 游	【あそブ】	動	遠くに行く。歩き回る。
□ 欲	【ほっス】	動	～しようとする。～したいと思う。～するだろう。
□ 与	【と】	前置	～と。
□ 辞	【じス】	動	辞退する。固辞する。
□ 善	【よシトス】	動	すばらしいと評価する。

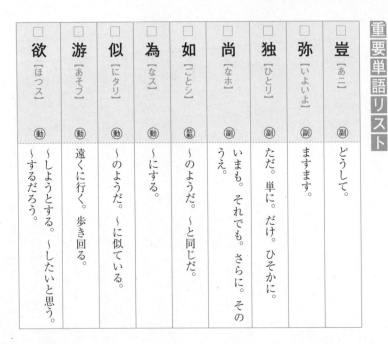

知識の総整理

◆漢詩

❶絶句《ぜっく》

句数が**四句**の詩のことを絶句という。一句の字数が五文字のものを**五言絶句**《ごごんぜっく》、七文字のものを**七言絶句**《しちごんぜっく》という。たった四句の最も短い詩であるため、すべての句が絶妙でなければならず、特に**起承転結**の工夫が必要だとされる。そのため、絶句では、第一句は**起句**《きく》、第二句は**承句**《しょうく》、第三句は**転句**《てんく》、第四句は**結句**《けっく》と呼ばれる。

❷律詩《りっし》

句数が**八句**の詩のことを律詩という。一句の字数が五文字のものを**五言律詩**《ごごんりっし》、七文字のものを**七言律詩**《しちごんりっし》という。

律詩では、第一・二句は**首聯**《しゅれん》、第三・四句は**頷聯**《がんれん》、第五・六句は**頸聯**《けいれん》、第七・八句は**尾聯**《びれん》と呼ばれる。四聯の間には起承転結の関係が成り立つものとされる。

律詩と同じく、**最初と最後の聯を除き、すべて対句で構成される詩**で、かつ**五聯以上**のものを**排律**《はいりつ》と呼ぶ。

❸漢詩の技法

1 **押韻**《おういん》――共通の韻をもつ漢字を用いて「韻を踏む」技法。五言詩では**偶数句末**で、七言詩では**第一句と偶数句末**で押韻する（次図の■は韻字を表す）。詩が出題されていて、かつ形式が空欄補充問題の場合は、まず押韻から考えて選択肢を絞り込むと解きやすい。

2 **対句**――字数や文法構造が同一で、内容的にも対応関係のある句を並べて、対照や強調の効果を与える技法。律詩では、原則として**頷聯と頸聯**に対句を用いる。

《絶句の形式（五言絶句）》

起句	第一句	□□□□□
承句	第二句	□□□□■
転句	第三句	□□□□□
結句	第四句	□□□□■

《律詩の形式（七言律詩）》

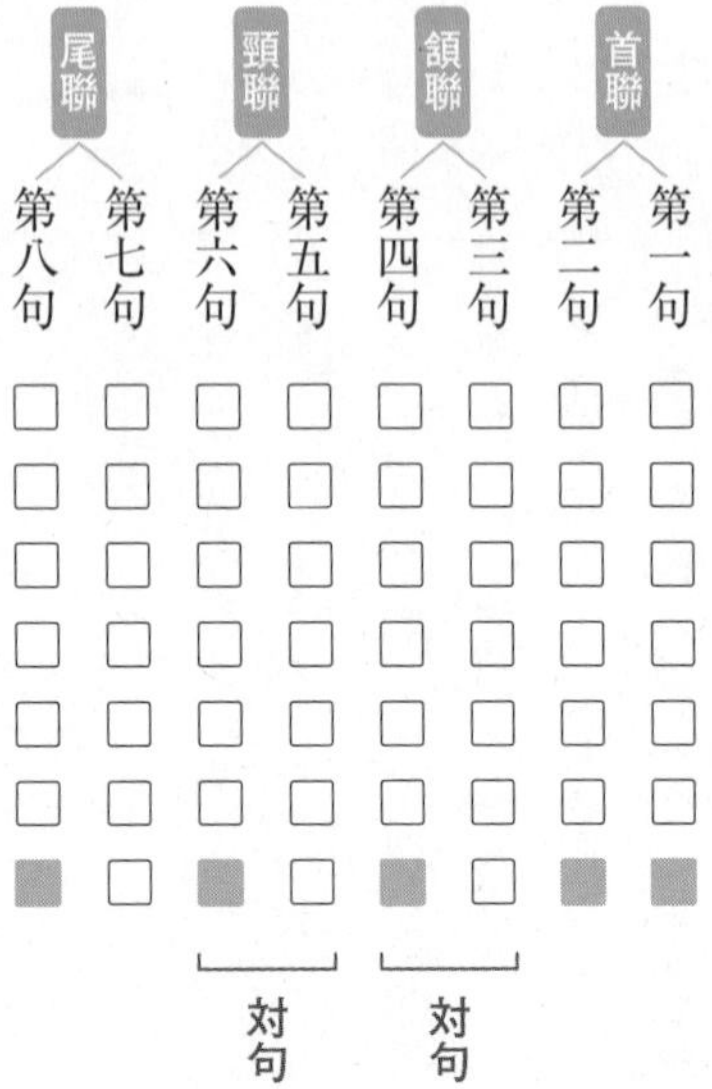

※韻字（韻を踏んでいる字）の注意点

①韻を踏んでいるかどうか確認するには、まず**音読み**する。例えば、偶数句末に「之《これ》」「磯《いそ》」があった場合、これらの字を音読みする。

②音読みするときは、**熟語で考える**とよい。例えば、「路」「菊」の場合、「道路《どうろ》」「三十路《みそぢ》」「春菊《しゅんぎく》」などの熟語を思い浮かべる。熟語は重箱《ジュウばこ》読み・湯桶《ゆトウ》読みといった一部の例外を除き、原則として音読みと音読みか、訓読みと訓読みの組合せになるので、「道路《どうろ》」なら「道《どう》」＝音読み→「路《ろ》」＝音読み、「三十路《みそぢ》」なら「三十《みそ》」＝訓読み（音読みなら「三十《さんじゅう》」）→「路《ぢ》」＝訓読み、「春菊《しゅんぎく》」なら「春《しゅん》」＝音読み→「菊《ぎく》」＝音読みだと判断できる。

③「之」「磯」など、熟語にできない字の場合、任意の部首を付け、音を知っている字に変える。例えば、「之」に「艹」を添えて「芝」にする。熟語の「霊《れい》芝《し》」「芝蘭《しらん》」から「芝」の音読みが「芝《し》」だと予測できれば、「之」の音読みも「之《し》」だと予測できる。「磯」の場合は、まず部首を取って「幾」にし、次に「木」を添えて「機」にする。「機《き》」から「磯」の音読みも「磯《き》」だと予測できる。

④なお「菊 kiku」の韻は「-iku」。先頭の子音以外はすべて韻扱い。「苦 ku」「須 su」では韻を踏めない。「菊」と韻を踏めるのは「屋 oku」「軸 jiku」「祝 syuku」など。**日本語の音読み**で韻を確認しているので、多少ズレることはある。

◆同訓異字「すなはチ」

① 則	「…すると／…したところ／…の場合は／もし…ならば／…するとかえって」など。 通称「レバ則」。ふつう「**已然形＋ば＋則ち**」と訓読するが、**前文が仮定条件の場合**は「**未然形＋ば＋則ち**」とも訓読する。あるいは、「…は則ち」と訓読して「…こそ／…は、ただ」を意味する場合もある。
② 乃	「そこで／そして」（＝於《おイテ》レ是《ここニ》／因《よりテ》）。ほか「ようやく／はじめて／すぐに／意外にも／なんと／かえって」など。
③ 即	「すぐに／そのまま／とりもなおさず／つまり／…こそ～そのものだ」など。
④ 便	「ただちに／すぐに／そのまま／こそ／そこで」など。
⑤ 輒	「そのたびごとに／いつも／たやすく／すぐに」など。

▼「迺・曽・而」なども「すなはチ」と訓読する。

◆推量

	読	訳
① 得《ン》レ無《キヲ》レA乎	Aなキヲえンや	Aではなかろうか
② 無《カラン》二乃《チ》A一乎	すなはチAなカランや	Aではなかろうか

▼「乎」のほか「**哉・耶・邪・与・歟**」も同じ。

▼いずれも反語表現。「Aではないだろうか」と、自分の考えを婉曲的に述べる表現。

▼「無乃」をまとめて「無乃《むしろ》Aならんか」と訓読する場合もある。

東進 共通テスト実戦問題集 国語〔漢文〕

発行日：2021年 10月 4日 初版発行
2022年 2月11日 第２版発行

著者：寺師貴憲
発行者：永瀬昭幸
発行所：株式会社ナガセ
〒180-0003 東京都武蔵野市吉祥寺南町 1-29-2
出版事業部（東進ブックス）
TEL：0422-70-7456 ／ FAX：0422-70-7457
URL：http://www.toshin.com/books/（東進WEB書店）
※本書を含む東進ブックスの最新情報は東進WEB書店をご覧ください。

編集担当：山村帆南

編集協力：市橋明季、佐廣美有、髙見澤瞳、矢野優莉子
本文イラスト：新谷圭子
デザイン・装丁：東進ブックス編集部
DTP・印刷・製本：シナノ印刷株式会社

ISBN978-4-89085-879-8 C7381

合格の秘訣1

全国屈指の実力講師陣

東進の実力講師陣 数多くのベストセラー参考書を執筆!!

東進ハイスクール・東進衛星予備校では、そうそうたる講師陣が君を熱く指導する!

本気で実力をつけたいと思うなら、やはり根本から理解させてくれる一流講師の授業を受けることが大切です。東進の講師は、日本全国から選りすぐられた大学受験のプロフェッショナル。何万人もの受験生を志望校合格へ導いてきたエキスパート達です。

英語

「スーパー速読法」で難解な長文問題の速読即解を可能にする「予備校界の達人」!

渡辺 勝彦 先生
[英語]

予備校界のカリスマ。抱腹絶倒の名講義を見逃すな。

今井 宏 先生
[英語]

日本を代表する英語の伝道師。ベストセラーも多数。

安河内 哲也 先生
[英語]

国際的な英語資格(CELTA)に、全世界の上位5%(Pass A)で合格した世界基準の英語講師。

武藤 一也 先生
[英語]

情熱あふれる授業で、知らず知らずのうちに英語が得意教科に!

大岩 秀樹 先生
[英語]

雑誌『TIME』やベストセラーの翻訳も手掛け、英語界でその名を馳せる実力講師。

宮崎 尊 先生
[英語]

数学

短期間で数学力を徹底的に養成、知識を統一・体系化する!

沖田 一希 先生
[数学]

「ワカル」を「デキル」に変える新しい数学は、君の思考力を刺激し、数学のイメージを覆す!

松田 聡平 先生
[数学]

数学を本質から理解できる本格派講義の完成度は群を抜く。

志田 晶 先生
[数学]

国語

縦横無尽な知識に裏打ちされた立体的な授業に、グングン引き込まれる!

三羽 邦美 先生
［古文・漢文］

ビジュアル解説で古文を簡単明快に解き明かす実力講師。

富井 健二 先生
［古文］

東大・難関大志望者から絶大なる信頼を得る本質の指導を追究。

栗原 隆 先生
［古文］

文章で自分を表現できれば、受験も人生も成功できますよ。「笑顔と努力」で合格を!

石関 直子 先生
［小論文］

幅広い教養と明解な具体例を駆使した緩急自在の講義。漢文が身近になる!

寺師 貴憲 先生
［漢文］

理科

全国の受験生が絶賛するその授業は、わかりやすさそのもの!

田部 眞哉 先生
［生物］

化学現象の基本を疑い化学全体を見通す"伝説の講義"

鎌田 真彰 先生
［化学］

丁寧で色彩豊かな板書と詳しい講義で生徒を惹きつける。

宮内 舞子 先生
［物理］

地歴公民

"受験世界史に荒巻あり"といわれる超実力人気講師。

荒巻 豊志 先生
［世界史］

つねに生徒と同じ目線に立って、入試問題に対する的確な思考法を教えてくれる。

井之上 勇 先生
［日本史］

入試頻出事項に的を絞った「表解板書」は圧倒的な信頼を得る。

金谷 俊一郎 先生
［日本史］

政治と経済のメカニズムを論理的に解明しながら、入試頻出ポイントを明確に示す。

清水 雅博 先生
［公民］

わかりやすい図解と統計の説明に定評。

山岡 信幸 先生
［地理］

世界史を「暗記」科目だなんて言わせない。正しく理解すれば必ず伸びることを一緒に体感しよう。

加藤 和樹 先生
［世界史］

WEBで体験

東進ドットコムで授業を体験できます!

実力講師陣の詳しい紹介や、各教科の学習アドバイスも読めます。

www.toshin.com/teacher/

合格の秘訣2 革新的な学習システム

東進には、第一志望合格に必要なすべての要素を満たし、抜群の合格実績を生み出す学習システムがあります。

映像による授業を駆使した最先端の勉強法

高速学習

一人ひとりのレベル・目標にぴったりの授業

東進はすべての授業を映像化しています。その数およそ1万種類。これらの授業を個別に受講できるので、一人ひとりのレベル・目標に合った学習が可能です。1.5倍速受講ができるほか自宅のパソコンからも受講できるので、今までにない効率的な学習が実現します。

1年分の授業を最短2週間から1カ月で受講

従来の予備校は、毎週1回の授業。一方、東進の高速学習なら毎日受講することができます。だから、1年分の授業も最短2週間から1カ月程度で修了可能。先取り学習や苦手科目の克服、勉強と部活との両立も実現できます。

現役合格者の声

東京大学 理科一類
佐藤 洋太くん
東京都立 三田高校卒

東進の映像による授業は1.5倍速で再生できるため効率がよく、自分のペースで学習を進めることができました。また、自宅で授業が受けられるなど、東進のシステムはとても相性が良かったです。

先取りカリキュラム（数学の例）

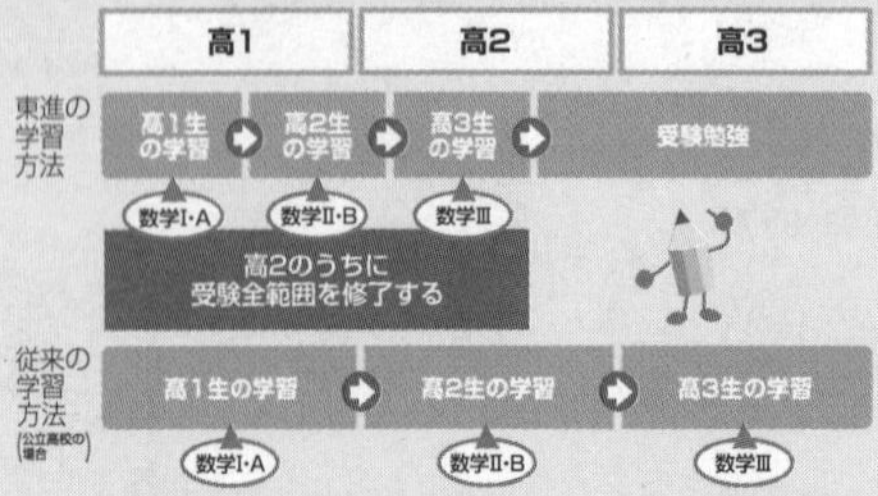

目標まで一歩ずつ確実に

スモールステップ・パーフェクトマスター

自分にぴったりのレベルから学べる習ったことを確実に身につける

高校入門から超東大までの12段階から自分に合ったレベルを選ぶことが可能です。「簡単すぎる」「難しすぎる」といったことがなく、志望校へ最短距離で進みます。

授業後すぐに確認テストを行い内容が身についたかを確認し、合格したら次の授業に進むので、わからない部分を残すことはありません。短期集中で徹底理解をくり返し、学力を高めます。

現役合格者の声

慶應義塾大学 法学部
赤井 英美さん
神奈川県 私立 山手学院高校卒

高1の4月に東進に入学しました。自分に必要な教科や苦手な教科を満遍なく学習できる環境がとても良かったです。授業の後にある「確認テスト」は内容が洗練されていて、自分で勉強するよりも、効率よく復習できました。

パーフェクトマスターのしくみ

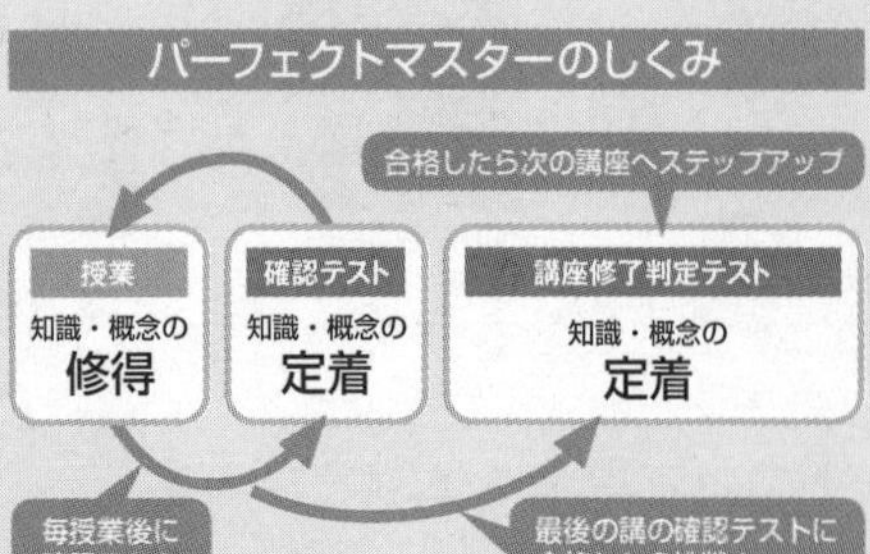

徹底的に学力の土台を固める

高速マスター基礎力養成講座

高速マスター基礎力養成講座は「知識」と「トレーニング」の両面から、効率的に短期間で基礎学力を徹底的に身につけるための講座です。英単語をはじめとして、数学や国語の基礎項目も効率よく学習できます。インターネットを介してオンラインで利用できるため、校舎だけでなく、自宅のパソコンやスマートフォンアプリで学習することも可能です。

現役合格者の声

早稲田大学 政治経済学部
小林 隼人くん
埼玉県立 所沢北高校卒

受験では英語がポイントとなることが多いと思います。英語が不安な人には「高速マスター基礎力養成講座」がぴったりです。頻出の英単語や英熟語をスキマ時間などを使って手軽に固めることができました。

東進公式スマートフォンアプリ

東進式マスター登場！

スマートフォンアプリで
スキマ時間も徹底活用！

（英単語／英熟語／英文法／基本例文）

1）スモールステップ・パーフェクトマスター！

頻出度（重要度）の高い英単語から始め、1つのSTEP（計100語）を完全修得すると次のSTAGEに進めるようになります。

2）自分の英単語力が一目でわかる！

トップ画面に「修得語数・修得率」をメーター表示。自分が今何語修得しているのか、どこを優先的に学習すべきなのか一目でわかります。

3）「覚えていない単語」だけを集中攻略できる！

未修得の単語、または「My単語（自分でチェック登録した単語）」だけをテストする出題設定が可能です。すでに覚えている単語を何度も学習するような無駄を省き、効率良く単語力を高めることができます。

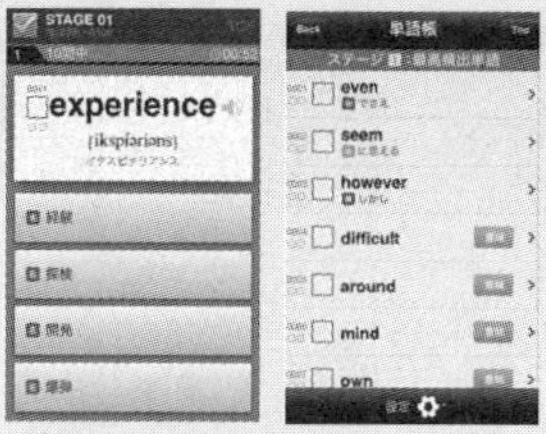

「共通テスト対応英単語1800」
2021年共通テストカバー率99.8%！

君の合格力を徹底的に高める

志望校対策

第一志望校突破のために、志望校対策にどこよりもこだわり、合格力を徹底的に極める質・量ともに抜群の学習システムを提供します。従来からの「過去問演習講座」に加え、AIを活用した「志望校別単元ジャンル演習講座」が開講。東進が持つ大学受験に関するビッグデータをもとに、個別対応の演習プログラムを実現しました。限られた時間の中で、君の得点力を最大化します。

現役合格者の声

大阪大学 医学部医学科
二宮 佐和さん
愛媛県 私立 済美平成中等教育学校卒

東進の「過去問演習講座」は非常に役に立ちました。夏のうちに二次試験の過去問を10年分解くことで、今の自分と最終目標までの距離を正確に把握することができました。大学別の対策が充実しているのが良かったです。

志望校合格に向けた
最後の切り札

第一志望校対策演習講座

第一志望校の総合演習に特化し、大学が求める解答力を身につけていきます。対応大学は校舎にお問い合わせください。

東進×AIで
かつてない志望校対策

志望校別単元ジャンル演習講座

過去問演習講座の実施状況や、東進模試の結果など、東進で活用したすべての学習履歴をAIが総合的に分析。学習の優先順位をつけ、志望校別に「必勝必達演習セット」として十分な演習問題を提供します。問題は東進が分析した、大学入試問題の膨大なデータベースから提供されます。苦手を克服し、一人ひとりに適切な志望校対策を実現する日本初の学習システムです。

大学受験に必須の演習

過去問演習講座

1. 最大10年分の徹底演習
2. 厳正な採点、添削指導
3. 5日以内のスピード返却
4. 再添削指導で着実に得点力強化
5. 実力講師陣による解説授業

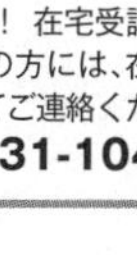

合格の秘訣3

東進模試

申込受付中

※お問い合わせ先は付録7ページをご覧ください。

学力を伸ばす模試

本番を想定した「厳正実施」

統一実施日の「厳正実施」で、実際の入試と同じレベル・形式・試験範囲の「本番レベル」模試。相対評価に加え、絶対評価で学力の伸びを具体的な点数で把握できます。

12大学のべ31回の「大学別模試」の実施

予備校界随一のラインアップで志望校に特化した“学力の精密検査”として活用できます（同日体験受験を含む）。

単元・ジャンル別の学力分析

対策すべき単元・ジャンルを一覧で明示。学習の優先順位がつけられます。

中5日で成績表返却

WEBでは最短中3日で成績を確認できます。※マーク型の模試のみ

合格指導解説授業

模試受験後に合格指導解説授業を実施。重要ポイントが手に取るようにわかります。

東進模試 ラインアップ 2021年度

模試	対象	回数
共通テスト本番レベル模試	受験生 高2生 高1生 ※高1は難関大志望者	年4回
高校レベル記述模試	高2生 高1生	年2回
全国統一高校生テスト	高3生 高2生 高1生 ●問題は学年別	年2回
全国統一中学生テスト	中3生 中2生 中1生 ●問題は学年別	年2回
早慶上理・難関国公立大模試	受験生	年5回
全国有名国公私大模試	受験生	年5回
東大本番レベル模試	受験生	年4回
京大本番レベル模試	受験生	年4回
北大本番レベル模試	受験生	年2回
東北大本番レベル模試	受験生	年2回
名大本番レベル模試	受験生	年3回
阪大本番レベル模試	受験生	年3回
九大本番レベル模試	受験生	年3回

共通テスト本番レベル模試との総合評価※

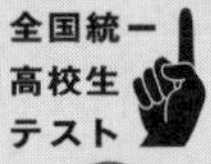

模試	対象	回数
東工大本番レベル模試	受験生	年2回
一橋大本番レベル模試	受験生	年2回
千葉大本番レベル模試	受験生	年1回
神戸大本番レベル模試	受験生	年1回
広島大本番レベル模試	受験生	年1回

共通テスト本番レベル模試との総合評価※

模試	対象	回数
大学合格基礎力判定テスト	受験生 高2生 高1生	年4回
共通テスト同日体験受験	高2生 高1生	年1回
東大入試同日体験受験	高2生 高1生 ※高1は意欲ある東大志望者	年1回
東北大入試同日体験受験	高2生 高1生 ※高1は意欲ある東北大志望者	年1回
名大入試同日体験受験	高2生 高1生 ※高1は意欲ある名大志望者	年1回
医学部82大学判定テスト	受験生	年2回
中学学力判定テスト	中2生 中1生	年4回

※最終回が共通テスト後の受験となる模試は、自己採点との総合評価となります。

※2021年度に実施予定の模試は、今後の状況により変更する場合があります。最新の情報はホームページでご確認ください。